Success15 fifteen

サクセス15
September 2013
9
http://success.waseda-ac.net/

■ CONTENTS ■

information
ーインフォメーションー

早稲田アカデミー
各イベントのご紹介です。
お気軽にお問い合わせください。

中1・中2・中3

志望校別模試

早稲アカだからできる規模・レベル・内容

中3
早慶附属高受験者の登竜門
早慶実戦オープン模試
10/27 日
早慶進学 保護者説明会 同時開催
テスト 9：00〜12：15　授業 13：00〜15：00
早慶附属高対策用問題集配布（詳しい解説付） テスト代 4,500円

中3
本番そっくり・特別授業実施・5科
開成実戦オープン模試
10/19 土
開成進学 保護者説明会 同時開催
テスト 8：30〜13：50　授業 14：00〜15：30
テスト代 4,500円

中3
課題発見。最後の早慶合格判定模試
早慶ファイナル模試
11/16 土
テスト 9:00〜12:15　テスト代 4,000円

中3
記述重視・特別授業実施・3科
慶女実戦オープン模試
10/19 土
慶女進学 保護者説明会 同時開催
テスト 9：00〜12：30　授業 13：10〜15：30
テスト代 4,500円

中3
国立附属の一般と内部進学対応・5科
国立実戦オープン模試
10/14 祝
理社フォローアップテキストを無料配布
テスト 9：00〜14：30　テスト代 4,500円

中2
記述重視　中2男子対象
無料
開成・国立Jr.実戦オープン模試
9/22 日 5科・3科選択可
保護者説明会 同時開催（予定）
（中1・中2生の保護者対象）

中3
筑駒高校合格へ向けての課題がわかります!
筑駒実戦オープン模試
11/3 日
テスト 9：20〜14：45　テスト代 4,500円
筑駒入試セミナー（生徒・保護者対象）15:00〜16:30

中2
記述重視　中2女子対象
無料
慶女・国立Jr.実戦オープン模試
9/22 日 5科・3科選択可
保護者説明会 同時開催（予定）
（中1・中2生の保護者対象）

中1
中2
開成・国立附属・早慶附属を目指す中1・中2対象
難関チャレンジ公開模試
12/1 日
【5科】英・数・国・理・社　8:30〜13:00
【3科】英・数・国　8:30〜11:35
テスト代 4,000円

中3 作文コース

公立高校の記述問題にも対応
国語の総合力がアップ

演習主体の授業＋徹底添削で、作文力・記述力を徹底強化！

推薦入試のみならず、一般入試においても「作文」「小論文」「記述」の出題割合は年々増加傾向にあります。たとえば開成の記述、慶應女子の 600字作文、早大学院の 1200字小論文や都県立推薦入試や一般入試の作文・小論文が好例です。本講座では高校入試突破のために必要不可欠な作文記述の“エッセンス”を、ムダを極力排した「演習主体」のカリキュラムと、中堅校から最難関校レベルにまで対応できる新開発の教材、作文指導の“ツボ”を心得た講師陣の授業・個別の赤ペン添削指導により、お子様の力量を合格レベルまで引き上げます。また作文力を鍛えることで、読解力・記述式設問の解答能力アップも高いレベルで期待できます。

- 9月〜12月（月４回授業）
- 毎　週　月・火・水・木・金・土のいずれか（校舎によって異なります）
- 時　間　17：00〜18：30（校舎によって異なります）
- 入塾金　21,000円（基本コース生は不要）
- 授業料　12,000円／1ヶ月（教材費を含みます）

9月開講
受付中

「日曜特訓講座」「志望校別模試」「作文コース」に関するお申し込み・お問い合わせは最寄りの
早稲田アカデミーまたは **本部教務部 03（5954）1731** まで

お気軽にお問い合わせください。
早稲アカ紹介
DVDお送りします

一流中学
高校受験
早稲田アカデミー

Wayo Konodai Girls' High School

あたりまえのことを、あたりまえに。

明るい挨拶が響きあう。身なりや教室を清潔に整える。
学園祭や体育祭に、心躍らせる。真剣なまなざしで学びあう。
そんなあたりまえの学校生活が、ここにあります。

■教育方針

和魂洋才・明朗和順の建学の精神に基づき、日本女性としての誇りを胸に、世界に翔たいていける女性の育成につとめています。

■特色

女子に適した指導方法で、特に理系に進学する生徒が増加し、25年度大学合格実績においても、理系学部合格者数が100を超えました。

■普通科

《特進コース》
国公立大学および
難関私立大学合格をめざす。

《進学コース》
現役で有名大学合格をめざす。

■ファッションテクニクス科

ファッション界の
スペシャリストをめざす。

《併設》和洋女子大学・同大学院

Information

●学校説明会（予約不要）
8月24日（土）・10月19日（土）・11月30日（土）

●ファッションテクニックス科の体験教室
8月24日（土）・10月5日（土）・11月16日（土）

●学園祭（ミニ説明会あり）
9月14日（土）15日（日）

●体育大会
9月29日（日）

●学校見学（要電話予約）
月～土　※詳しくはHPでご確認ください。

和洋国府台女子高等学校

創立明治30年

〒272-8533　千葉県市川市国府台2-3-1
TEL047-371-1120（代）　FAX047-371-1128
ホームページ　**http://www.wayokonodai.ed.jp/**
■JR市川駅よりバス8分■JR松戸駅よりバス20分
■京成国府台駅より徒歩10分■北総矢切駅よりバス7分

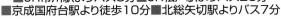

S《スーパー》S《サイエンス》H《ハイスクール》の魅力に迫る！

文部科学省は、将来の国際的な科学技術人材を育成することをめざし、理数教育に重点をおいた研究開発を行う学校を「SSH（スーパーサイエンスハイスクール）」として指定しています。果たしてSSHとはどのような活動をしているのでしょうか。早稲田大学高等学院、埼玉県立浦和第一女子の活動をご紹介します。

早稲田大学高等学院

SSH（スーパーサイエンスハイスクール）とは、文部科学省が指定する、未来を担う科学技術系人材を育てることを狙いとした、理系教育の充実を図る取り組みで、2002年から行われています。1度の指定で5年間継続し、2013年度では、全国で201校。首都圏では東京12校、神奈川4校、千葉6校、埼玉10校が指定されています。

SSH指定校では、科学技術振興機構より経費の支援が行われるので、普通の学校にないような実験器具を購入したり、国内や海外における研修に出かけ、高度な内容の研究を行うことができます。また、指定校間で発表会が行われるなど、さまざまな交流がもたれています。

埼玉県立浦和第一女子

首都圏 SSH指定校

【東京】都立戸山、東京工業大学附属科学技術、都立小石川中等教育学校、早稲田大学高等学院、筑波大学附属駒場、東京学芸大学附属、都立科学技術、都立多摩科学技術、都立日比谷、東海大学付属高輪台、文京学院大学女子、玉川学園高等部

【神奈川】県立神奈川総合産業、市立横浜サイエンスフロンティア、県立西湘、県立厚木

【千葉】県立船橋、市川、県立長生、県立柏、市立千葉、県立佐倉

【埼玉】県立春日部、早稲田大学本庄高等学院、県立川越、県立川越女子、県立熊谷、県立不動岡、県立浦和第一女子、県立熊谷女子、県立熊谷西、県立松山

早稲田大学高等学院

生徒の興味関心に応える
プロジェクト型SSH教育

早稲田大学高等学院は、2006年に初めてSSHに指定され、現在2期目を迎えています。SS科目やSSH特別講座など、生徒の興味や関心を惹きつける取り組みが行われています。

プロジェクト型で多くの生徒が参加

「本校のSSHはプロジェクト型と呼んでいます」と橘孝博先生はおっしゃいます。

これは、学校としてSSHに特化したクラスなどを設けるのではなく、学校の先生たちが各自の専門性を活かして、さまざまなプロジェクトを生徒に提供していくものです。

その活動は多岐にわたり、3年生で受講する自由選択科目（SS科目は17科目）や、SSH特別講座、クラブ活動、ハワイ巡検などの海外研修があり、生徒は自分の興味関心にあったものを選び、普段の授業ではできない高度で深い内容を学ぶことができます。

早大高等学院は1学年が480名ですが、SSHの活動を行った生徒は2012年度で、のべ1047名にものぼります。

こうした取り組みの成果は、さまざまなコンテストや、学内での発表会、学会、SSHの研究発表会などで発表され、これまで数多くの賞を受賞しています。

大学附属だからできる高大接続の取り組み

早大高等学院では、早稲田大の附属校だからこそできる取り組みがあります。3年生の自由選択科目では、高校の先生だけではなく、早稲田大の理工3学部の教授から直に講義を受けることができるものもあります。また、理工3学部を含めた全学部で行われる、大学の教員が高校生向けにアレンジしたモデル講義も行われています。そのほか、早稲田大の「高校生特別聴講制度」を利用して、大学の正規授業を大学生といっしょに受講でき、取得した単位は、大学入学後に先取り科目として単位認定されます。こうした講義以外にも、3年次必修の卒論作成のため大学の研究室で高度な実験を行ったりもできます。大学附属の恩恵はこれだけではないと橘先生は話されます。

「ハワイ巡検や学会での発表などさまざまな場面でOBが来てサポートしてくれています。本校は卒業生全員が早稲田大に進学しますので、縦のつながりが強く、それが高校での取り組みを支えてくれています。」

身近にいる先輩が大学生になった姿を見たり、高校生のうちから大学生や大学院生と触れあうことで、目標を明確にしやすいのです。

早大高等学院のSSHは、生徒が自主的に取り組める活動を多く配置することで、興味を促し、本格的な学問の世界へと誘います。

「大学教授の講義を受けたり、普段の授業で扱えないような内容を扱うことで、生徒に背伸びをさせて大学に送り出していくことが重要だと思っています。早稲田大との連携を深めながら、将来的に活躍できる生徒を育てたいと思います」（橘先生）

School Data
早稲田大学高等学院
所在地 東京都練馬区上石神井3-31-1
TEL 03-5991-4151　URL http://www.waseda.jp/gakuin/koukou/

SSH特別講義（2013年度1学期）

数学1	**美味しいデニッシュとゲリラ豪雨─単純な関数で起こる複雑なこと─** 1次関数や、2次関数で起こるカオスの現象の話です。
数学2	**中国の天文と日本の天文─東洋の科学と西洋の科学─** 東洋の科学と西洋の科学の違いを、古代の天文、数学などを比較することによって考える。天文という言葉の意味はなにかを、考えてみます。
数学3	**紙を用いた線分のn等分法（初級編）** 紙を用いて、任意の長さをn等分するオリジナルの方法を紹介します。
一般科学1	**SF映画と科学** いくつかのSF映画を見ながら、そのSFが実際に可能かどうかを考えます。
一般科学2	**気候変動と環境破壊の実際のところ** 実際の写真や衛星写真を見ながら地球の気候変動、環境破壊の現状を考えます。
化学1	**化学オリンピックの無機化学の実験問題に挑戦してみよう** 10種類近い目薬ビンに入った薬品の種類を当てます。
化学2	**金・銀・銅を使った実験** 3種類の金属を使ったいろいろな実験をします。
物理1	**デジタルセンサーを用いた力学授業1** 高校1年で学ぶ力学分野について、最新のデジタルセンサーを用いた実験を通し、目からウロコの落ちる授業を体験します。
物理2	**デジタルセンサーを用いた力学授業2** 高校1年で学ぶ力学分野について、最新のデジタルセンサーを用いた実験を通し、目からウロコの落ちる授業を体験します。
物理3	**百発百中!?　モンキーハンティング** ある状況でサル（に見立てた物体）を狙い撃ちすると、必ず当たります。実験によってそれを確認したあとで、高校1年生で学習する「等加速度運動」の式を用いて、なぜそうなるのかを示します。
物理4	**ジャイロ効果と紙ジャイロの作成** 回転する物体にはどのような性質があるのかを実験によって示します。その後、その特徴を利用したオモチャ（紙ジャイロ）を紹介し、実際に作ります。
生物1	**生物学オリンピックにチャレンジしよう** 1次予選に向けて特訓します。内容は生物基礎+生物です。
生物2	**生物学オリンピック実験問題の基礎（その1）** 生物学オリンピックの実験問題のハマグリの解剖を行います。
生物3	**遺伝子組み換え実験** 大腸菌に蛍光タンパク質の遺伝子を組み込んで、紫外線で光る大腸菌を作ります。
地学1	**火山地形と災害** 火山についてのメカニズムと防災について学びます。
地学2	**地図の判読** 地図に関する基礎知識と読図、地図検定試験に対応します。
地学3	**古生物（化石）の観察** 化石の観察と研磨演習を通して古生物を理解します。
地学4	**液状化現象を土木工学の視線で見る** 液状化現象のメカニズムと都市防災の現状を土木工学的に考えてみます。

2013年度 自由選択科目 SS科目

数　学	「数」の基礎 微分方程式 確率統計 色々な数の世界 数学特論
理　科	理工学入門 人・神秘・科学 数理物理 生理学・生態学 大学への化学 地形工学 現代の生命科学 宇宙科学 惑星環境システム 理工線形代数 理工学特論 情報サイエンス

SS科目とSSH特別講義

ＳＳ科目が拡充され、発展的な理数教育を多くの生徒が受講できる環境が整っています。大学教員による専門的な授業もあります。

ＳＳＨ特別講義は６分野で計18の講座があり、希望制で受講することができます。

SSH特別講座①
遺伝子組み換え実験

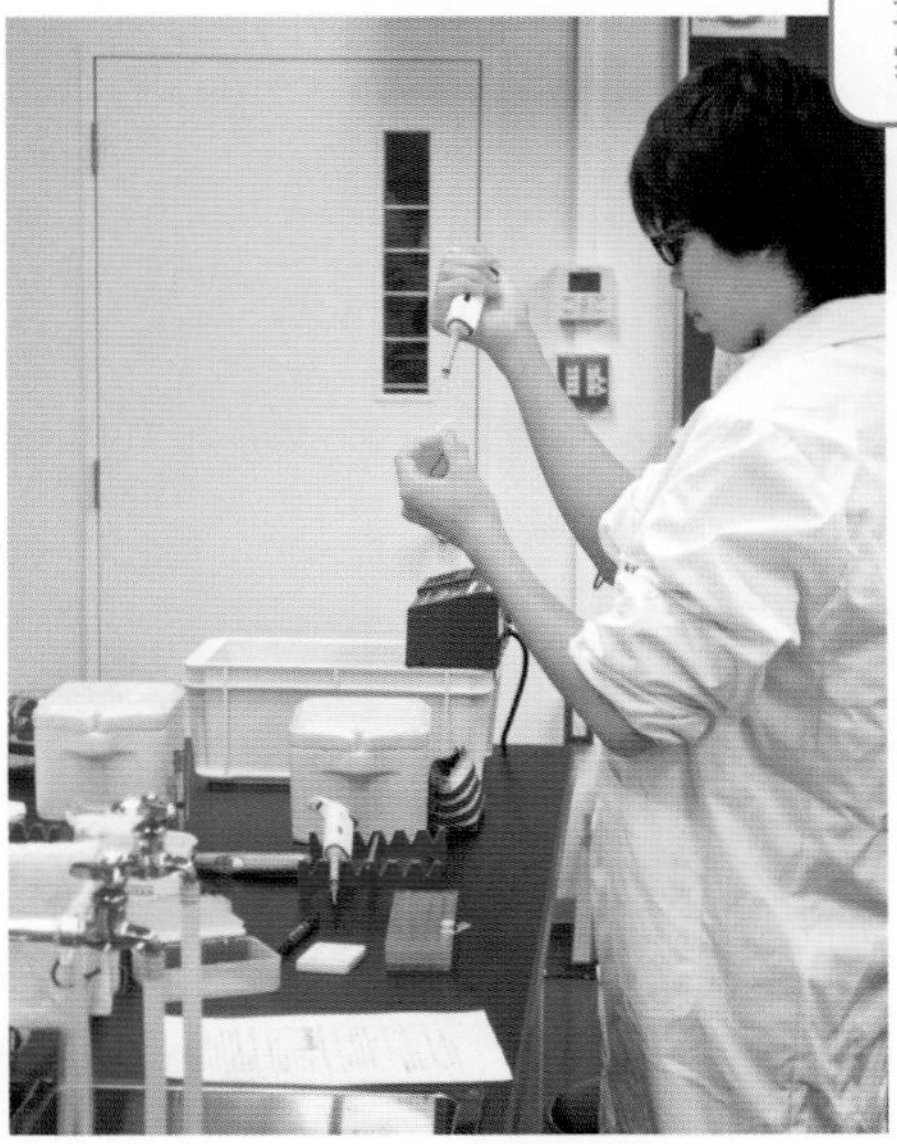

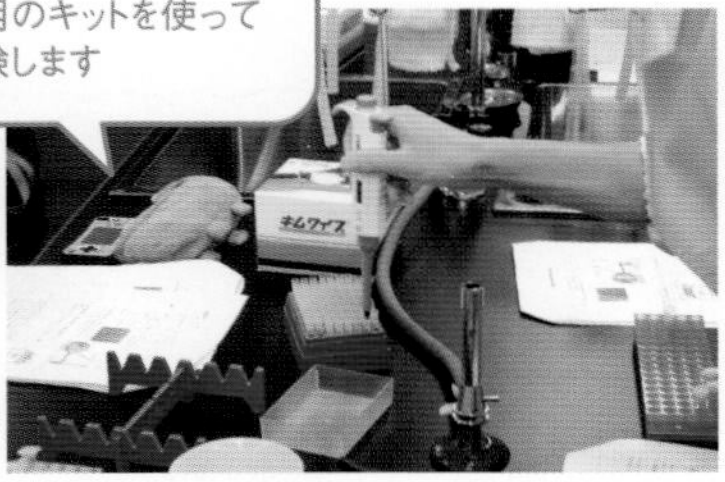
専用のキットを使って
実験します

先生が作った
独自のテキスト

理科室で行われる遺伝子組み換え実験

現代生物学の基本的な技術である遺伝子組み換えを体験し、その原理や応用について学ぶ講座です。

取材時は12人の生徒が参加していました。遺伝子組み換えは難しいものではなく、現代生物学では一般的に使われている技術であることを理解します。

実験は「蛍光タンパク遺伝子組み換えキット」を用いて行われます。蛍光タンパク質の遺伝子を大腸菌に取り込ませ、紫外線を照射することで、緑色の蛍光を発するコロニーができていれば成功です。

理科部 物理班

自分の好きな研究ができる

理科部物理班では、部員全員で取り組むプロジェクトのほか、学年を問わず、自分の好きな研究をすることができます。

また、地学班と共同で行う「缶サット甲子園」（ロケットを打ち上げデータを収集）もあります。それぞれの研究の成果は、さまざまなコンテストなどで発表します。

パラメトリックスピーカー
を使った実験。音が広
がらず、正面でしか聞
こえない
Style NOTEBOOK

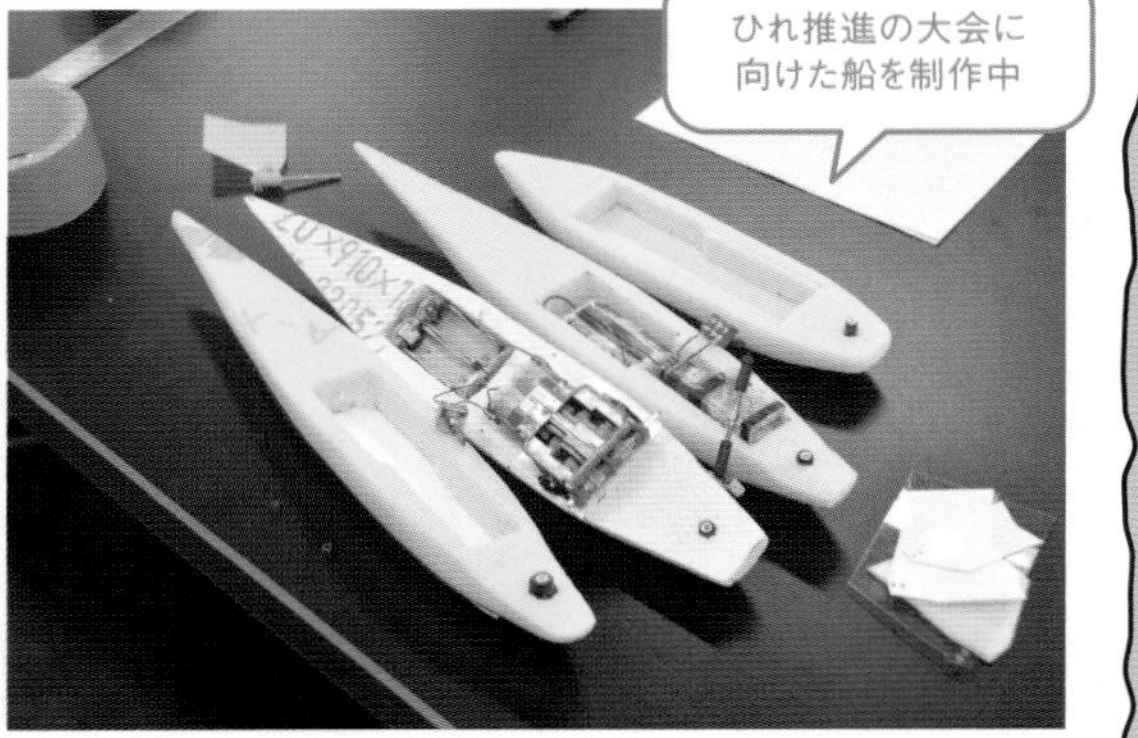
ひれ推進の大会に
向けた船を制作中

ロボカップジュニア
レスキュー競技ロボット

先《せん》﨑《ざき》 翔《しょう》太《た》郎《ろう》さん 2年

夢は世界大会！

もともとロボットに興味があり、早大高等学院の理科部では、自分の好きなことができると言われて入ろうと思いました。

ぼくはおもにロボットのプログラミングをしています。プログラミングは、どこを間違えたのか原因を特定することが難しく、なかなか大変なのですが、自分の思い通りにロボットが動いてくれたときがとても嬉しいし、達成感があります。

夢は、ロボカップジュニアの大会で世界大会まで行くことです。

大学では、創造理工学部の総合機械工学科に進学して、もの作りをやっていきたいと思っています。

早大高等学院は、大学の受験勉強がないので、そういうことを気にせず、自由な時間のなかで自分の好きなことができるのがいいです。

キャンベル勉強会

分厚い生物学の教科書を勉強

２００７年から、世界的に有名な生物学の教科書「キャンベル生物学」（なんと１５００ページ！）の勉強会が希望者を募って週1回（2時間）行われています。会は先生の解説や質疑応答、ディスカッションなどで進められます。また、毎年夏休み中に早稲田大のセミナーハウスを利用して、鴨川で合宿が行われ、磯の生物の観察・収集が行われています。

昨年は8門65種もの生物
を観察することができました

海外研修

台湾国際交流

すべて英語での発表!

２０１２年度から、３月に台湾を訪れ、早大高等学院の姉妹校である台湾国立武陵高級中学、台湾国立政治大学附属高級中学で英語でのプレゼンテーションを行います。すべて英語での発表となるので、資料作りや発表の練習にはネイティブの先生も加わり、１カ月以上かけて準備が行われます。（※高級中学は日本の高校にあたります）

ハワイ巡検

10年以上続く、ハワイでの自然科学研究

ＳＳＨの取り組みが始まる以前の２０００年から行われています。希望者を対象に夏休みの期間に約１週間、マウナケア火山山頂にあるすばる望遠鏡を見学したり、溶岩を中心とした地形や地質、動植物や環境の研究調査を行います。巡検終了後は、その成果をまとめ、日本地質学会など、さまざまな研究発表会で発表します。

卒論

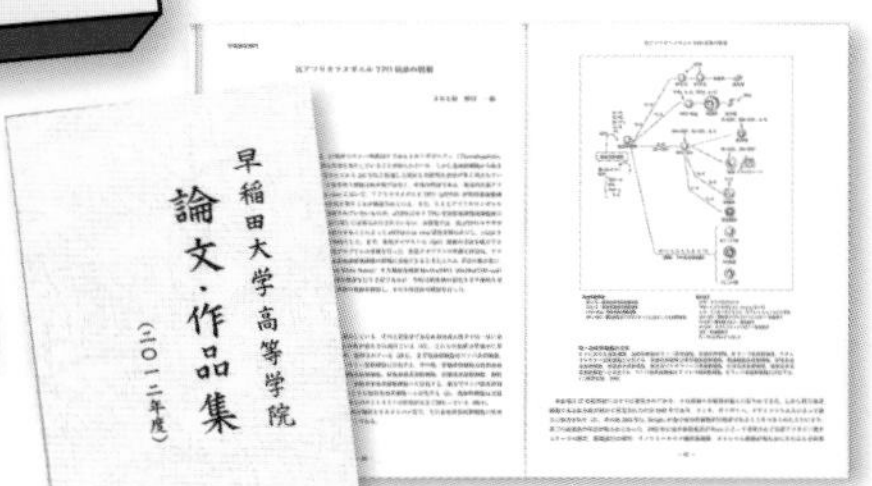

1万2000字の卒業論文が必修

早大高等学院では、高校３年生に１万２０００字の卒業論文が課せられています。もちろんテーマは理系に限りませんが、早稲田大の研究室を利用して、高度な研究を行う生徒もいます。早稲田大の直系の附属校だからこそできる取り組みと言ってよいでしょう。

SSH特別講座②

生物オリンピックにチャレンジしよう

予選突破に向けた特別講座

日本生物学オリンピックに挑戦するためのＳＳＨ特別講座。高校１年生が５名、高校２年生が１名参加しました（全６回）。予選では理論問題によるペーパーテストが行われ、約80名が本選へと進むことができます。本選では３泊４日の合宿形式で実験問題が課されます。このうち高校２年生以下の成績優秀者15名は国際大会への代表選抜試験を受けることができ、これに合格した４名が日本代表として、国際生物学オリンピックに参加します。

埼玉県立浦和第一女子高等学校

国際社会で活躍する「理系女子」の育成をめざす

SSH指定10年目を迎える浦和一女では、今年度1年生の参加者が過去最多となりました。女性科学者の育成を目標とする特色ある取り組みをご紹介します。

視野を広めて科学する力を高める

浦和第一女子（以下、浦和一女）は、2004年のSSH指定から今年で10年目となり、その研究開発課題として、「広い視野を身につけた人材、国際社会で独創性を発揮し次の世代をリードする女性科学者・技術者を育むための総合プログラムを開発編成する」を掲げています。

浦和一女のSSH活動は「科学・技術への広い視野の育成」「科学の方法・独創性を身に付けること」「国際性と高いキャリア意識を育むこと」という3つの目標に沿って、講義・実験・実習・研修旅行・課題研究・キャリア講座など、さまざまな取り組みが行われています。そんな浦和一女のSSHの特徴をご紹介します。

①希望制

参加は希望制で、1年ごとに継続する形となり、2年生以降はおもに理系を選択した生徒が継続します。「今年度は1年生が76名で過去最多となりました。意識の高い集団で学習できるという部分に希望制のメリットがあります。」（SSH推進委員長伊藤晋司先生）

②体験重視

「体験すること」が重視され、企業・大学訪問の際にも、ただ見学して話を聞くだけではなく、実習を取り入れた体験学習が組まれています。

③発信力

情報発信力を鍛える指導が充実しています。PC実習でパワーポイントの使い方などを学ぶことはもちろん、実際に発表をする機会も多く、経験を積むことを第一に考えられています。国際社会での活躍を見据え、外部講師による実践的な英語プレゼンテーションの講座もあります。

④個人研究

2・3年生では全員が個人研究に取り組み、論文にまとめます。

⑤女子のみ

女子校であることを最大限活用した指導方法がとられています。「女子のなかでいかに成長していくかを強みにしています。キャリア教育でも、理系進学を考えている女子生徒にとって、将来像を具体的にイメージできるかどうかが大切です。女性の大学の先生や研究者、卒業生などに来ていただく機会を多く設けています。」（伊藤先生）

こうしたSSHの成果と今後の展望について伊藤先生は「10年目をむかえ、本校でSSH教育を受けて卒業した生徒が研究者として活躍していく段階に入り、そうした人材をSSHに活かすことでさらに学習効果に役立てるという、より発展的に継続していくためのよいサイクルが生まれています。理系へ進む生徒は増えていますし、本校でSSHをやりたいという希望を持って入学してくる生徒もいます。これからも継続的に人材を輩出し、誇りを持って活動を続けていくことをめざしていきます」と話されました。

School Data
埼玉県立浦和第一女子高等学校
所在地 埼玉県さいたま市浦和区岸町3-8-45
TEL 048-829-2031 URL http://www.urawaichijo-h.spec.ed.jp/

埼玉県立浦和第一女子高等学校　ＳＳＨ研究開発の概要

めざす生徒像

- 社会において科学・技術を積極的に活用する生徒
- 自ら探究し、独創的な発想で問題を解決する生徒
- 女性研究者・技術者という明確な目標を持つ生徒

3年

SS数理科学
「科学を活用する」
- 特別講義
- データ処理法
- 科学英語
- 論文読解
- 技術と社会

など

SS研究論文
「成果をまとめる」
- 論文の形式
- 論文作成
- 英文の概要作成
- 論文集のまとめ

など

SSHキャリア講座
- キャリア懇談会
  女性研究者
  外国人研究者
  卒業生
- 理科実験教室
  近隣小学校
  サイエンスフェア

2年

SS総合科学
「専門性を高める」
- 特別講義
- ことば力クリニック
- 高大連携講座
- ラボツアー
- 英語プレゼン講座

など

SS課題研究Ⅱ
「研究を実践する」
- テーマの設定
- 研究仮説の設定
- 個人研究
- 討議
- 外部発表会

など

学会・公開講座への参加
科学オリンピック

1年

SS基礎科学
「視野を広める」
- 特別講義
- 校外研修
- 産業技術実習
- フィールドワーク
- 英語プレゼン講座

など

SS課題研究Ⅰ
「研究スキルを学ぶ」
- ＰＣ実習
- 発表実習
- グループ研究会
- 外部発表会

など

他校との交流
理科系部活動

科学・技術への広い視野　｜　科学の方法・独創性　｜　国際性・高いキャリア意識

全校講演会・理科の授業・実験・ＳＳＨ企画への一般生徒の参加・知の探求

夏休み宿泊研修

2年生宿泊研修
東北大での実験

全員参加の宿泊研修を実施

1年生と2年生は夏休みに2泊3日の宿泊研修へ行きます。

1年生は長野県野辺山の国立天文台の見学や、新潟県糸魚川のフォッサマグナミュージアムでの化石採集活動、新潟市の水族館での体験活動などを経験します。

2年生の研修旅行では東北大を訪ね、加速器を実際に運転させてもらうなど、こちらも体験学習を中心とした研修内容です。

どちらも体験を重視している浦和一女のSSHらしい充実した内容となっています。

多彩な講義で知識を磨く

1〜3年の「特別講義」は、科学の基本的な知識・技能を身につける時間です。さまざまな講義や実験が用意され、教員による校内講義以外にも、大学と連携した講義もあります。取材日には1年生の講義を見学。地学講義、顕微鏡を使った実験、PC実習と、3つのグループに分かれ、少人数による丁寧な指導が実施されていました。「特別講義」の内容例をご紹介します。

〔大学と連携した特別講義〕

数学　結び目理論
生物　PCR法・DNAの複製
化学　水の化学
物理　加速器と放射線
医学　リハビリテーション医学

〔校内講義〕

理系に必要な言語
英語による相対性理論
小麦粉の性質　など　(年度により変更あり)

特別講義

実体顕微鏡を使った生物の講義

PC実習

地学の講義

女性研究者の育成をめざす

理系のキャリア教育にも力が入れられています。

女性研究者や外国人研究者、卒業生などによるキャリア懇談会をはじめ、近隣小学校や小学生向けのサイエンスフェアでの生徒による理科実験教室の実施など、さまざまな角度から自分の将来を見つめていきます。

「今年度からは、学術雑誌『nature』と協力し、研究者との懇談を通じてキャリアを学ぶ『ネイチャーカフェ』というキャリア講座も開きます。」(伊藤先生)

SSH キャリア講座

サイエンスフェアでの実験教室

見学・実習

ウニの発生を学ぶ埼玉大との連携講座

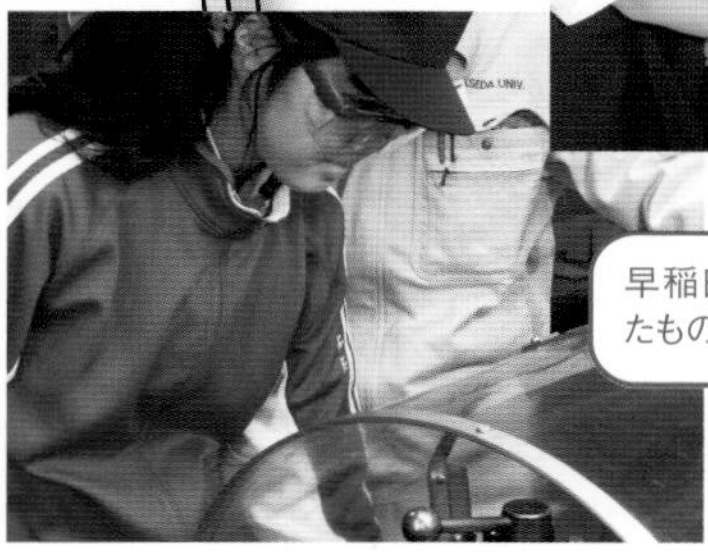
早稲田大と連携したものつくり講座

「体験」して学ぶ

科学・技術への広い視野を育むため、大学や企業での見学や産業技術実習なども行われています。

例えば、早稲田大での実習では、旋盤を使用したホイッスルの作成を体験。また、鏡面加工の技術を持つ企業では、鏡面加工の最終仕上げを体験しました。実習を通して体験することで、社会のなかで科学がどのように活用されているのかを学びます。

個人研究

研究から論文作成までを1人で

個人研究は2・3年のSSH生が取り組みます。研究テーマの決定から、論文の作成、そして発表まで、すべてのサイクルを1人で行います。

「1年次にグループ研究を行い、研究に必要なスキルを体験し、2年生からはより専門性を高める段階とし、1人で研究を進めます。すべてを1人でやるので生徒にとっては少し厳しい面もありますが、それ以上に得るものは多い課題と言えます。将来理系に進む生徒にとっては成長につながる大事なカリキュラムであるとし、重視し続けている取り組みです。」(伊藤先生)

全国発表会の様子

個人研究のテーマはいろいろな研究発表会に参加したり、文献を調べるなどして情報を集め、自分のやりたいことを決めたのちに教員と相談しながら決定します。2年生で1年間かけて研究を行い、3年生ではその結果を論文にまとめる作業にあてます。

論文の作成には1人ひとりに担当教員がつき、指導のもとで少しずつ進め、夏休み後に完成となります。

こうした個人研究の成果は、「ISEF(国際科学技術フェア)」や日本学生科学賞などの科学コンテストで入賞するなど、輝かしい結果を残しています。

研究から発表までこなします

須田《すだ》 彩佳《あやか》さん 2年

もともと科学が好きだったので、SSH活動は趣味のような気持ちで始めました。授業で触れないような専門的なことを学べるのが楽しいです。

本当は細胞の内部で起こっている神経のしくみについて調べたかったのですが、細胞内部のことは実験するのが難しいということで、細胞の行動について調べることにしました。研究で扱っているのは単細胞生物のミドリムシです。ミドリムシはエタノール処理をしてべん毛を切ってしまうと細胞変形運動をしなくなるのですが、なぜそうなってしまうのか、べん毛と細胞変形運動の関係について調べています。

また、みんなで集団生活をした夏休みのフィールドワークも楽しかったです。野辺山天文台やフォッサマグナミュージアム、新潟市の水族館マリンピア日本海などに行きました。

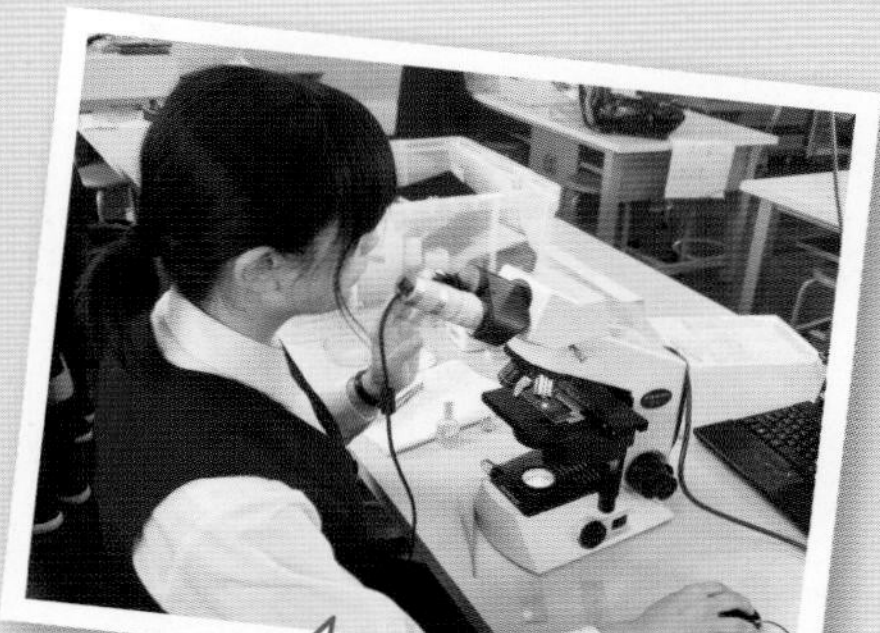

ミドリムシを研究中の須田さん

木嶋《きじま》 美紀《みき》さん 2年

生物部に入るくらい生物が好きなのでSSHの活動にも参加しました。幼いころから科学館などによく行っていたので理科が身近にあったんです。

私がいま研究しているのはナメクジについてです。ナメクジの粘液には体を守るためのいろいろな作用があるので、それについて研究しています。まず粘液がどれほど優れているか数値を出し、最終的にはその作用を応用してなにかをつくりたいと思っています。

研究だけでなく、英語でのプレゼン方法を学ぶ講座も楽しいです。この講座のおかげで、苦手だった人前での発表もできるようになりました。

SSHの活動に参加することで、時間がとられて大変に思うこともあるかもしれないけれど、やって損はないと思うので、興味があればぜひ参加してみてほしいです。

研究で扱っているナメクジと木嶋さん

史　探　訪

百聞は一見にしかず。歴史の勉強も、机の上で覚えるだけではなく、実際にその場所に足を運び、残されている歴史の痕跡を目にすることで、より理解が進むかもしれません。いまもなお、東京各地に残されている史跡をご紹介します。

弥生時代

弥生式土器発掘ゆかりの地

弥生式土器は
東京大の地下に眠る？

東京大の浅野キャンパス内に「弥生式土器発掘ゆかりの地」という碑が建てられています。1884年（明治17年）に、ここで縄文土器とは異なる赤焼きの壺が発見されたことから、「弥生式土器」と命名されました。しかし、残された文書に発掘地の記載がなかったため、じつは正確な発掘地はわかっていません。

その後、1974年（昭和49年）にこの碑が立つ場所で弥生式土器の破片などが発見され、発掘地として有力になりましたが、現在も調査中のため、碑には「発掘地」ではなく「発掘ゆかりの地」と記されています。

東京都文京区弥生2-11
アクセス：地下鉄千代田線「根津」徒歩3分・地下鉄南北線「東大前」徒歩5分

縄文時代

大森貝塚

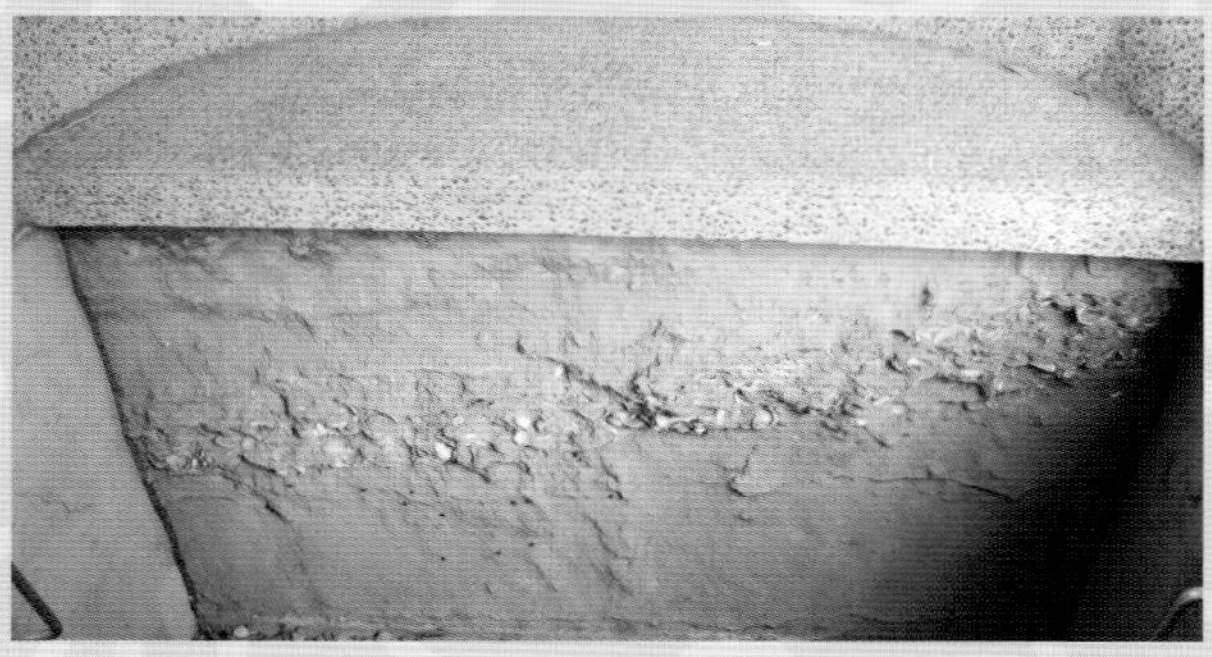

アメリカ人の博士が発見した
「日本考古学発祥の地」

大森貝塚は1877年（明治10年）、アメリカ人の動物学者・モース博士により発見されました。ここからは縄文時代の土器や貝・動物の骨などが発掘され、大昔の人たちの生活の様子が明らかになりました。現在は大森貝塚遺跡庭園として残され、実際に貝が埋まっている様子も見られます。また、ここから徒歩5分の品川歴史館では、発掘された土器なども見ることができます。

東京都品川区大井6-21
アクセス：JR京浜東北線「大森」徒歩5分

東京歴

江戸時代

桜田門

時代を大きく転換させた「桜田門外の変」の舞台

1860年（安政７年）、季節はずれの大雪のなか、大老井伊直弼《なおすけ》が水戸浪士らに暗殺された「桜田門外の変」は、江戸幕府の権威を失墜させ、その後尊皇攘夷運動が高まっていくきっかけとなった事件です。その舞台となったのが、かつての江戸城であり現在の皇居の内堀にある桜田門です。激動の歴史を見守ってきた建造物として、国の重要文化財にも指定されています。

東京都千代田区霞が関2-1-1
アクセス：地下鉄有楽町線「桜田門」徒歩1分、
地下鉄丸ノ内線・日比谷線・千代田線「霞ケ関」徒歩3分

江戸時代

赤　門

言わずと知れた「赤門」は貴重な歴史建造物

東京大本郷キャンパスの南西部にあり、とても有名ですが、じつは正門ではありません。この赤門は江戸時代の1827年（文政10年）に、「加賀百万石」を誇った加賀藩の第12代藩主前田斉泰《なりやす》が、第11代将軍徳川家斉《いえなり》の娘、溶姫を迎える際に造られました。現在では同じような建造物がないため、単にめだつだけではなく、歴史的にも非常に貴重な建造物なのです。

東京都文京区本郷7-3-1
アクセス：地下鉄丸ノ内線・都営大江戸線「本郷三丁目」徒歩6分、
地下鉄南北線「東大前」徒歩11分

立会川の坂本龍馬像

江戸時代

東京で見ることができる若き日の坂本龍馬

立会川駅周辺は土佐高知藩山内家の下屋敷があったことが知られています。剣術修行のために上京していた若き日の龍馬が、藩の命を受けて砲台の警備についたことが明らかになり、品川区と姉妹都市となった高知市より龍馬像が送られました。立会川駅徒歩１分のところに龍馬像があり、そこから３分ほど歩くと、龍馬が警備したとされる浜川砲台跡が見られます。

東京都品川区東大井2-25-22
京浜急行線「立会川」徒歩1分

明治時代

西郷隆盛像

100年以上親しまれる「上野の西郷さん」

明治維新の立役者・西郷隆盛の像は上野公園のなかにあります。本人の像を作ったのは明治・大正時代を代表する彫刻家・高村光雲です。西郷隆盛は、英雄になりながらも、最後は政府と敵対し、西南戦争を起こしたという人で、この銅像に関するエピソードも含め、謎や魅力にあふれた人物です。自分で調べてみると、持っているイメージが変わるかもしれません。

東京都台東区上野公園・池之端3
アクセス：（上野公園まで）京成線「京成上野」徒歩1分、JR線・地下鉄銀座線・日比谷線「上野」徒歩2分、都営大江戸線「上野御徒町」徒歩5分

江戸時代

西郷隆盛・勝海舟会見の地

そのとき、歴史が動いた江戸が戦火から免れた会見

官軍が江戸まで進軍してきた1868年（慶応4年）。このままでは江戸が戦火に見舞われることは明白という情勢で、江戸の薩摩藩屋敷で幕府の勝海舟と、官軍の西郷隆盛が最後の会見を行いました。ここで徳川慶《よし》喜《のぶ》の助命などいくつかの条件とともに、江戸城の明け渡しが決まったのです。その屋敷跡に現在建っているビルの前に、記念の碑があります。

東京都港区芝5-33-8
アクセス：都営浅草線「三田」徒歩1分
JR山手線・京浜東北線「田町」徒歩3分

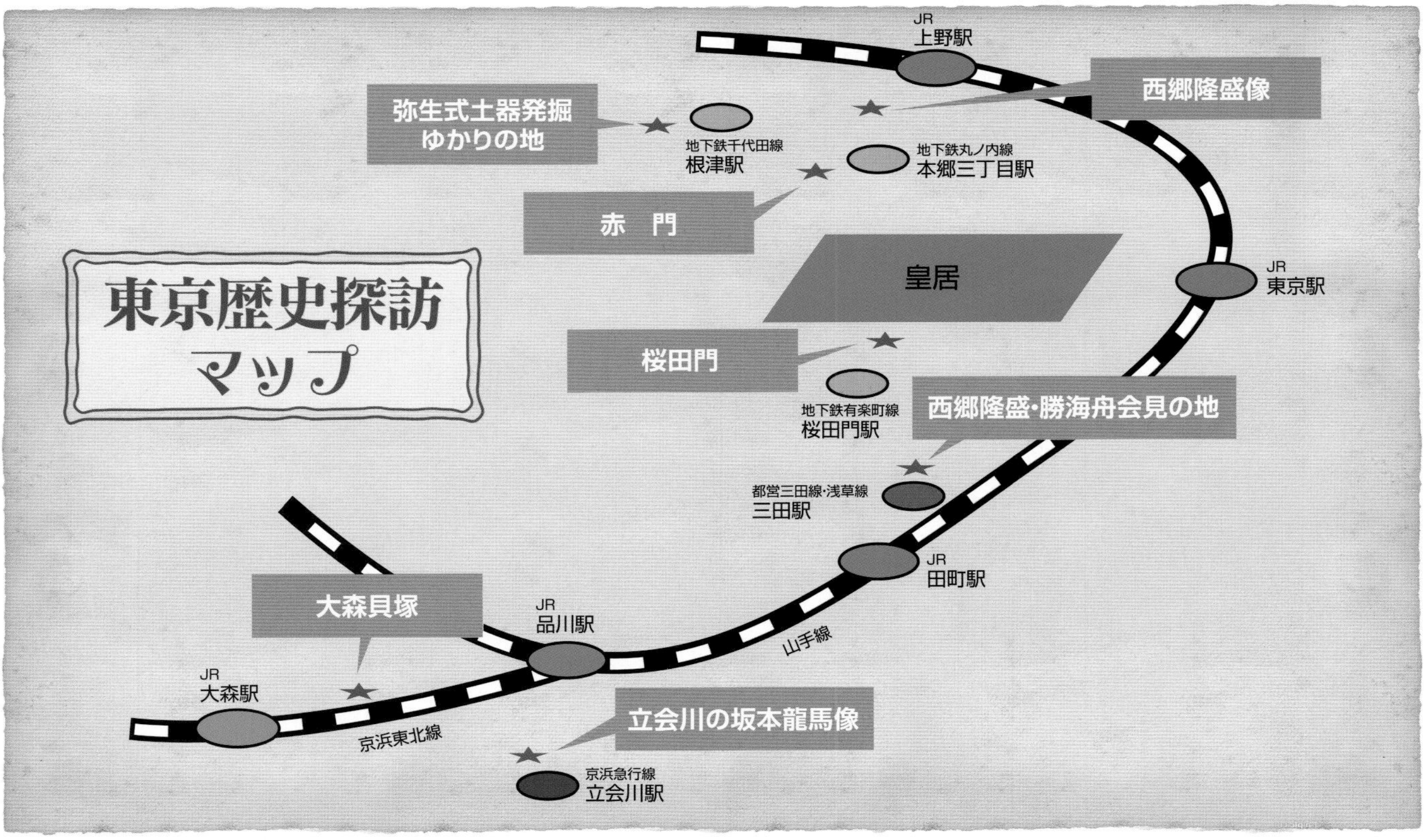

トウダイデイズ

現役東大生が東大での日々と受験に役立つ勉強のコツをお伝えします。

Vol.006

今からでも間に合う 夏休みの計画の立て方

text by 平（ひら）

受験の天王山もなかば過ぎというこの時期、夏期講習で朝から晩まで勉強三昧《ざんまい》の方も多いと思いますが、学校の宿題も忘れずにやりましょう。

東大生の夏休みは、8月と9月は丸ごと休みで宿題もないため、いざとなれば短期留学できるほど時間がありそうに見えます。多くの学生はクラブ・サークルに所属しているため、夏休み中は合宿や練習などのイベントがあります。自動車の免許も、夏休みに合宿へ行って取得する人が結構います。友人と旅行するのも大学生らしく、楽しそうな休みの使い方です。

ところが、１年生の理系生徒は９月初旬に理科科目の期末テストがあるため中途半端な休みとなってしまいます。これには、９月は正確には秋休みという分類になるという種明かしがあります。ちなみに冬休みや春休みもありますから、東大生には四季すべてに休みがあることになります。

さて、大学生の夏休みを羨ましがらせるのはこのぐらいにして、夏休みも残り２週間ぐらいですので、追い込み期間をムダにしないためのアドバイスをいくつかお伝えしたいと思います。

残り２週間といえば、長かったはずの夏休みが少なくなってきて焦り始めるころです。まず気にしてほしいことは、夏休み前に立てたであろう目標を達成できたかどうかです。目標が達成できていた場合は問題ないのですが、達成できていない場合は、原因を考え反省します。あとで挽回することはできますが、自信を育むうえでは最初に立てた目標を達成するに越したことはありません。

次に、その反省をふまえて残り２週間の目標を立て直しましょう。計画の遅れを取り戻そうと考えるのも大切ですが、その目標が残り２週間で達成できそうかどうかを重視してください。達成できそうもない目標を立てても苦しむことになってしまいますので、必ずやらなければならないことを最優先に、達成できそうな目標を立てましょう。

最後に、その目標を実際に達成するための計画を立てましょう。「問題集を１日に３ページ解く」といった計画をよく聞きますが、それを決めただけではなかなかうまくいかないものです。１人で達成できるのがベストですが、難しい場合は周りの力を借りましょう。紙に書いて目につく場所に貼っておけば、自分の決意をはっきり形にできますし、見るたびに決意し直すことができます。家族も達成のために協力してくれます。

また、こういう計画を立てる場合は、期間を短く区切って行うのが有効です。期間が長くなると途中で気が緩んでしまうため、最初の決意が薄れてしまいます。

学校によっては夏休みがほとんどない場合もあるかもしれませんが、そういう方は普段のペースを乱さず勉強を続けてください。世間では１日休むと３日後退するとよく言われていますが、実際途中で休んでしまうとやる気を取り戻すのに苦労しますので、頑張りましょう。

夏休みも残り２週間。自分の立てた目標と計画を達成して、自信をつけましょう。

▶▶ **無理のない計画を立てることがポイント**

SCHOOL EXPRESS

「自由と進歩」の伝統のもと その先の自分を創る学校

HOSEI UNIVERSITY DAINI

法政大学第二高等学校

神奈川 川崎市 男子校

法政大学第二高等学校では、「調べる・討論する・発表する」ことを大切にした授業展開が実践されています。文系・理系に偏らず、２年生までは全員が同じカリキュラムを学び、幅広い教養と基礎学力がつけられています。2016年度には新校舎が完成し男女共学化へ。新たな歴史がスタートします。

榎本《えのもと》 勝己《かつみ》 校長先生

法政大学の学風である「自由と進歩」を受け継ぐ

法政大学第二高等学校（以下、法政二高）は、１９３９年（昭和14年）に旧制中学の法政大学第二中学校として、現在地の武蔵小杉に設立されたのが始まりです。

戦後の学制改革によって、１９４８年（昭和23年）に法政大学第二高等学校になり、１９８６年（昭和61

年）には法政大学第二中学校が創立され、中高一貫教育がスタートしました。

そして、２０１６年度から中高同時に共学化となり、新校舎で学校生活が始まります。なお、２０１４年度より新教室棟の使用が可能となります。

法政二高は、「自由と進歩」を学風とする法政大の付属校です。

「法政大の教育目標には『社会の進歩を担う積極的な精神力を持つ個人、つまりは《自立型人間》を育成すること』という項目があります。

本校はこの学風を受け継ぎ、中高一貫、大学付属という特徴を活かし、幅広い学びを通して『人間とはなにか』『社会というものをどうとらえるか』『いかに生きるか』など根本的な問いにじっくり立ち向かうなかで、専門的な知識や学問を担う主体、すなわち人格を形成していこうという考え方が根本にあります。

本校の建学の理念には、『人格の完成をめざして国民的共通教養の基礎を築き、平和で民主的な国家および社会の形成者を育成することを目的とする』という学則があります。つまり、大学と本校それぞれの理念を大きな柱として教育にあたっているのです。」（榎本校長先生）

多種多様な生徒が個性を光らせる

法政二高では、付属の法政第二中学校から進学してきた「二中生」と高校受験を経た新入生は、いっしょのクラス編成になります。榎本校長先生は「本校には『多種多様な生徒が交わることで、個性が光る』という考えがあり、多様な個性がぶつかりあいながら、それぞれの違いを認めあい、互いに成長していくことを大切にしてきました。

ですから、特別なクラス編成は実施せず、同じクラスに理系・文系が混ざっているのはもちろん、スポーツで全国大会に出る者や芸術の才に秀でた者などがクラスメートとして身近にいる環境となっています」と語られました。

カリキュラムは、全教科にわたる幅広い教養を身につけることを目標に作られています。１・２年では音楽と美術の芸術選択を除いて全員同じカリキュラムで学びます。そうして培った基礎学力をベースに、それぞれの希望する進路の実現に向けた、よりふさわしいプログラムが用意されています。

３年生からは「法政文系クラス」「法政理系クラス」に分かれます。

「幅広い教養を身につけるために、文系の生徒も物理・化学・生物・地学をすべて学びますし、理系の生徒も日本史・世界史・地理・政治経済をすべて学びます。３年次には選択講座を設け、将来の進路を考えて学ぶ内容を選択できます。法学入門や環境問題入門など、大学の学部での学習に結びついた講座も用意されています。

『法政文系クラス』が10クラス、『法政理系クラス』が２クラスという割合になります。」（榎本校長先生）

少人数指導により育まれる英語力が自慢

生徒１人ひとりへのきめ細かな指導を心がけている法政二高では、英語の授業で、１クラスを２つに分けた少人数による分割授業が行われて

キャンパス

新校舎完成予想図　キャンパスストリート

現在の時計塔

新校舎完成予想図　メインアプローチ

学校生活

理科の授業風景

学校生活も充実。高２の修学旅行では３泊４日で沖縄に行きます。ガマ（自然洞窟）の見学など、貴重な体験ができます。体育祭は中高別で行われ、クラス対抗で球技種目と団体種目を競います。

体育祭

新入生合宿

イギリス　オックスフォード海外研修

沖縄修学旅行

部活動

法政二高ではほとんどの生徒が部活動に所属しています。全国レベルの大会で活躍するクラブも多く、体育系・文化系ともに盛んに活動しています。

自転車部

アメリカンフットボール部

吹奏楽部

陸上部

空手部

フェンシング部

映画研究部

います。

英語教育にはとくに力が入れられ、3年間で読む・書く・聞く・話すの4技能を体系的に学びます。また、毎朝8時20～40分までの20分間を0時限とし、英語のリスニングなどが行われています。

分割授業では、1年次は週3時間が英文法と英語表現、2年次は週2時間がライティングとオーラルコミュニケーション（OC）が実施されています。榎本校長先生は「分割授業による指導では、英語の基礎を身につけ、自分で使えるレベルまで定着させています。1年の英語表現と2年のOCの時間は、外国人講師に指導してもらい、〈英語による自己表現力〉を追求しています」と話されました。

国際交流に関しては、希望制で、法政大学3付属校（法政大高・法政女子高・法政二高）主催によるイギリス・オックスフォードでの3週間英語研修が実施されています。これは、ホームステイをしながら現地の学校に通い、英国の伝統文化などを体験できるプログラムです。

また、法政大学付属校特別留学制度もあります。3付属校から選抜された生徒が、アメリカ・コネチカット州にあるサウスケント校へ1年間留学できる制度です。

知識を定着させる秘訣は「調べる・討論する・発表する」

法政二高の授業では、調べること、討論すること、発表することが多く取り入れられています。例えば、国語の授業での作品論の執筆、世界史の授業で取り組む世界史劇などがあげられます。

榎本校長先生は「世界史劇は高2の授業で行っています。6人が1班になり、世界史のなかからテーマを決め、そのテーマについて半年間かけて、図書館などで十分に調べます。そして、生徒がシナリオを書き、演じて発表します。こうした取り組みを通して、歴史を深く学ぶことができるのです。

また、自分の考えを他者にわかり易く表現する力は、大学での学問研究や実社会で真価を発揮すると思います」と語られました。

有資格者全入制度

法政大へは、あらかじめ決められた基準に達すれば、すべての生徒が進学できます。毎年9割の生徒が推薦されています。法政大への推薦は、3つの基準から判断されます。3年生の2学期までの成績、英語外部試験の規定点数以上を取得しているか、そして国語基礎力確認テストのクリアです。この3つの条件を満たせば、成績順に希望学部への推薦権が得られます。

法政大への推薦が決まった3年の3学期には、大学での学びに備えるため、推薦される学部・学科別にクラスが編成されます。

それぞれのクラスでは、進学する学部・学科に合わせた特別の学習内容が用意されています。OBの学生や社会人を招いての講演、企業訪問・裁判所見学などの学外へのフィールドワーク、大学によるガイダンス、模擬授業などに取り組みます。また、その成果はプレゼンテーション大会で発表されます。

榎本校長先生は「本校では学習力はもちろん、クラブ活動や自主活動などを通してコミュニケーション能力を高めていくことを大切にしています。つまり、総合力の育成をめざしているのであり、私たちは『二高力の育成』と呼び、本校の使命と考えています。

法政のカラーであるオレンジは情熱、紺は冷静・沈着・知性を表しています。それを併せ持つタフな人材を待っていますし、またそのような人材に育てたいと思っています。さらに、2016年からは共学化し、校舎も新しくなります。これからも進化を続ける学校でありたいですね」と話されました。

School Data

- 所在地　神奈川県川崎市中原区木月大町6-1
- アクセス　東急東横線・東急目黒線「武蔵小杉（南口）」徒歩10分、JR南武線「武蔵小杉」徒歩12分、JR横須賀線「武蔵小杉」徒歩15分
- 生徒数　男子のみ1149名
- TEL　044-711-4321
- URL　http://www.hosei2.ed.jp/

3学期制　週6日制　月～金6時限、土4時限　50分授業　1学年12クラス　1クラス約40名

2013年度（平成25年度）大学合格実績

大学名	合格者	大学名	合格者
法政大学推薦入学者内訳		他大学合格者（国立大学）	
法学部	69	筑波大	1
文学部	28	東京工業大	1
経済学部	65	横浜国立大	2
理工学部	26	横浜市立大	2
生命科学部	6	計	6
デザイン工学部	24	他大学合格者（私立大学）	
社会学部	58	早大	5
経営学部	64	慶應大	5
国際文化学部	21	上智大	3
人間環境学部	25	青山学院大	2
現代福祉学部	8	中央大	2
情報科学部	8	明治大	4
キャリアデザイン学部	17	立教大	2
スポーツ健康学部	13	その他	46
計	432	計	69

共学校　東京都　渋谷区

國學院高等学校《こくがくいん》

生徒たちの夢を全力で応援

「三楽」精神のもと 緑豊かな環境で学ぶ

國學院大学を母体とする國學院高等学校は、教育目標に「三楽」を掲げています。三楽とは、「誠実で明朗かつ健康で感謝して日々の生を楽しむこと」「人を敬愛し平和で民主的な社会生活を楽しむこと」「自由と責任を弁《わきま》え自主的な生活を楽しむこと」の3つをさします。この「三楽」の精神のもとに、生徒1人ひとりが学問・スポーツ・芸術などのすばらしさを知り、自らの決めた目標を達成できるように全力でバックアップしています。

國學院高校は1956年（昭和31年）に現在の神宮外苑に移転しました。国立競技場や神宮球場、いちょう並木などに囲まれた都内屈指の緑豊かなエリアで、利用できる路線も多いため生徒の通学範囲は関東各地におよびます。

制服は実力派デザイナーの丸山敬太さんがプロデュースし、神宮外苑の緑を基調としたトラディショナルで品性のあるデザインとなっています。

生徒の個性に合った 充実の指導体制

國學院高校は大学附属校ですが、系列の國學院大学へ進学する生徒よりも、さらなる上位校をめざして勉学に励む生徒が多く、授業時間を無理なくとるために週6日制を採用するなど、質・量ともにレベルの高い学習指導を行っています。

2年生になると文科・理科のコースに分かれます。選択科目によってクラス編成され、大学受験を意識した授業が本格的に始まります。また2年から3年まで英語・数学の一部の授業では、グレード別の授業を行っています。2012年度からはハイレベルクラスも設置されたため、生徒一人ひとりの能力に合った学習が可能となっています。

それに加え、大学の学部・学科やキャリアについて学ぶ時間を設け、担任がきめ細かなカウンセリングを行うなど、学習のモチベーションを向上させる体制がしっかり整っています。

また、行事にも力を入れており、在校生徒およそ1700人が準備期間5カ月を経てつくりあげる國高祭は毎年盛りあがります。ほかにも、体育祭や希望者を対象とした勉強合宿、海外語学研修、スキー教室などさまざまな行事が開催されています。

大学附属校であるといったメリットを活かしつつ、他の大学への進学にも力を入れ、生徒のチャレンジを全力でバックアップしている國學院高等学校。将来の夢を掴む第一歩である高校卒業後の進路が叶えられるよう、生徒と教員がともに歩んでいます。

School Data

所在地	東京都渋谷区神宮前2-2-3
生徒数	男子853名、女子840名
TEL	03-3403-2331
アクセス	地下鉄銀座線「外苑前」徒歩５分
URL	http://www.kokugakuin.ed.jp/

共学校　埼玉県　北足立郡

国際《こくさい》学院《がくいん》高等学校

世界に貢献できる人材を育成

各々の進路に合わせた4つのコース

国際学院高等学校は、「誠実、研鑽、慈愛、信頼、和睦」という建学の精神を柱に、生徒1人ひとりの個性を伸ばし、世界に貢献できる人材を育成する教育を行っています。

生徒それぞれの希望進路に対応するため、「特別選抜コース」「特別進学コース」「総合進学コース」「食物調理コース」の4つのコースが用意されています。

コースは、5教科中心のカリキュラムで国公立大・難関大へ現役合格をめざす「特別選抜コース」、習熟度別のカリキュラムを展開し、国公立大・有名私立大現役合格をめざす「特別進学コース」、中堅私立大現役合格をめざしながら、多様な進路に対応する「総合進学コース」、専門的なカリキュラムで卒業と同時に調理師免許が取得可能な「食物調理コース」となっています。

各コースごとにカリキュラムや学習進度、使用する教科書などが異なるため、それぞれの夢に合ったコースを選択することができます。

多くの人と出会い世界を広げる

国際学院は、2010年（平成22年）に埼玉県内の高等学校では初めてユネスコスクールに認定されました。「国際理解教育」と「環境教育」を柱として、留学生受け入れや異文化学習会などさまざまな持続発展教育（ＥＳＤ）を行っています。

まだＥＳＤとしての取り組みは始まったばかりですが、ユネスコの理念を実現でき、国際社会で活躍できる人材の育成をめざしています。

さらに、次のような特色ある教育も行っています。

2年次に行われる「海外研修旅行」および「語学研修旅行」は、いわゆる「修学旅行」とは一線を画します。それは、研修先のカナダに滞在する1週間から2週間すべてを授業の一環としてとらえているからです。研修期間中に現地の学生と交流し、カナダの文化に触れることで、生徒はさまざまな経験を積むことができます。

また、3年次に行われる「卒業研究」は、1年次に決めたテーマを基に1人ひとりが3年間研究を続けます。最終的に3年間の集大成として多くの人の前でプレゼンテーションを行います。

今年で創立50周年を迎え、新たに国際学院中学校も併設された国際学院高等学校。国際交流などで多くの人と出会う機会を与え、世界に視野を広げることのできる生徒を育んでいます。

School Data

所在地	埼玉県北足立郡伊奈町小室 10474
生徒数	男子 407 名、女子 323 名
TEL	048-721-5931
アクセス	ニューシャトル「志久」徒歩 12 分、JR 高崎線「上尾」・JR 宇都宮線「蓮田」スクールバス
URL	http://hs.kgef.ac.jp/

開智高等学校

東大・国立大医学部に特化したS類『Tコース』

難関大学合格実績が伸び続けている開智。そこには「進化し続ける仕組み」があります。

大幅にバージョンアップされるS類『Tコース』

昨年度に『S類』『D類』2類型体制を確立させ、新たなスタートを切った開智高等学校(高等部)。２００６年に誕生したS類の大学入試における躍進はめざましく、難関大学の現役合格率も年々アップしています。しかし、現状に甘んじることなく、さらなる飛躍をめざして、『S類Tコース』を大幅にバージョンアップしました。

同コースが編成されるのは2年次からで、１クラス10数名(理系・文系)の少人数制。そのメンバーは「東大に進みたい」という生徒の意志を尊重した上で、１年次の学習到達度を勘案して決定されます。３年進級時には、小規模ですがメンバーの入れ替えもあります。

実はこのTコース、従来よりS類内にあったもので、今春の卒業生が第１期生になります。

第１期生は、東大合格者こそ出なかったものの、東北大学医学部・名古屋大学医学部・防衛医科大学校など、東大に匹敵する大学への合格者を多数輩出しました。

高校レベルを超えた『Tコース』2つの教育

東大理科志望者と国立大医学部志望者で編成されているTSクラス。このクラスの最大の特徴は、クラス担任をはじめとし、理数系の教授スタッフが東京大学出身者で構成されていることです。いずれの先生も研究者として一流であるだけでなく、高校生の指導経験が非常に豊富であるという点が「開智高校らしさ」と言えます。

開智高校では「大学に入れて終わり」というような教育は行っていません。これはTコースでももちろん同じです。将来、

夏期学校説明会　予約不要　説明時間約90分

8月24日	土		13時30分～	・教育内容、学校生活、入試情報 ・質問コーナーを設け、個別の質問にお答えします。

入試説明会・個別相談日程

入試説明会　予約不要　所要時間約90分				個別相談　予約制
9月21日	土		13時30分～	10時00分～16時30分
9月28日	土		13時30分～	10時00分～16時30分
10月26日	土		13時30分～	10時00分～16時30分
11月2日	土	10時00分～		10時00分～16時30分
11月16日	土		13時30分～	10時00分～16時30分
11月23日	祝	10時00分～	13時30分～	10時00分～16時30分
12月14日	土	10時00分～		10時00分～16時30分

※個別相談はすべて予約制です。詳細は９月初旬以降開智学園高等部ＨＰをご参照ください。

平成25年 大学合格数

国公立大学（ ）は現役		
大学名	合格者	高等部
東京大学	11(9)	1
京都大学	1(1)	1(1)
北海道大学	3(2)	1
東北大学	9(8)	5(4)
名古屋大学	3(3)	1(1)
筑波大学	14(13)	6(5)
千葉大学	6(5)	4(3)
お茶の水女子大学	4(4)	2(2)
電気通信大学	7(5)	3(2)
東京農工大学	6(5)	5(5)
横浜国立大学	15(14)	6(6)
埼玉大学	12(9)	10(7)
その他国公立大学	76(66)	30(24)
国公立大学合計	167(144)	75(60)

私立大学（ ）は現役		
大学名	合格者	高等部
早稲田大学	132(113)	46(35)
慶応義塾大学	72(63)	21(15)
上智大学	45(39)	20(19)
東京理科大学	141(123)	39(33)
明治大学	155(134)	77(64)
立教大学	74(62)	40(31)
法政大学	76(62)	60(50)
中央大学	83(65)	62(47)
青山学院大学	38(32)	22(17)
学習院大学	35(30)	19(15)
計	851(723)	406(326)

国公立大・医学部医学科	19(17)	5(5)

※ 国公立大学には自治医大・防衛医大等を含む

科学の専門家として社会貢献していこうとする彼らは、学問を通して教養と人間性を高めていかなければなりません。それを高校段階で実現しているクラス、それがこのTSクラスなのです。

次に東大文科志望者で編成されているTHクラス。一口に文科系と言っても、その領域には、法律学、経済学、文学、心理学などさまざまな学問が存在し、多様な学問志向を持った生徒が集うのがTHクラスです。この多彩な集団の共通項が、「東大で学ぼう」という志です。法学の道に進もうとする生徒A君の目標は「弁護士になる」ことではなく、「いい弁護士になる」ことです。弁護士になるための資格を取るということは、自分個人の「閉じた目的」です。しかし、弁護士としての「良さ」は、他人との関係性の中で初めて決まります。つまり「開かれた目的」なのです。社会の中で自らを生かしていこうとする気持ちや、他人と理解し合うための高いコミュニケーション能力は、S類で学ぶことを通して生徒一人ひとりが自ら獲得してきた力だと言えます。開智高校で身につけた「素養」に、高い「専門性」が加わった時、彼らは「リーダー」としてそれぞれの分野を担っていくことになるのです。

圧倒的な〝学ぶ時間〟と各種の受験対応講座

授業の内容も指導陣も東大入試に特化したTコースですが、授業時間数は従来のS類と違いはありません。なぜなら、もともと本校の〝学ぶ時間〟は圧倒的に多かったからです。

正規授業は月～金曜日が6時間、土曜日が4時間ですが、1・2年次の月・木曜日は放課後に3時間の「特別講座」が上乗せされ〝9時間授業〟になるのです。そして受験間近となった3年生になると、月曜から土曜まで毎日開講されることになります。その内容は、東大英語、センター数学、国立文系古典、早慶英語演習など、志望別・レベル別に分けられた実践講座が60講座以上用意されています。また、夏期講習も30日間（1・2年生は10日間）、という長期にわたり、朝8時半から午後6時近くまで、同じく受験対応の実践講座がびっしりと用意されています。さらに受験直前になると、「センター直前講習」「冬期講習」「私大対策直前講習」「国立2次対策直前講習」と4種の講習が立て続けに開講されます。まさに〝受験準備の1年〟になるわけです。

共学校

東京都立 立《たち》川《かわ》高等学校

下條《しもじょう》 隆史《たかのぶ》 校長先生

教育システム改革で新しい「立高」が始まる

「多摩に立高あり」と謳われてきた東京都立立川高等学校。進学指導重点校としての責務をよりいっそう果たすべく、2012年度よりカリキュラムを大きく変更し、新たな一歩を踏み出しています。

多摩地域に根ざす伝統ある名門校

東京都立立川高等学校(以下、立高)は、1901年(明治34年)に東京府立第二中学校として創立されました。多摩地域の人たちが熱望するなかで設立されたといいます。

1950年(昭和25年)に学制が新しくなり、現在の校名である東京都立立川高等学校になりました。「多摩に立高(たちこう)あり」のキャッチフレーズで名声を馳せる、創立112年の伝統校です。

立高は「自由な校風」として知られ、教育の中核には次の4項目が掲げられています。

①トップリーダーとして活躍する志の育成
②難関国立大学に合格できる学力の養成
③人と関わる力や豊かな心の育成
④自主性と自律性の涵養

「本校には、自主・自律という伝統があり、学校生活全般を通して、自ら考え、行動し、自らの行動には責任をもつという姿

体育祭

縦割りで4つの団に分かれ、各団で優勝を競います。

勢や態度が求められています。『自由な校風』といっても、そこには自らを律し、重い責任を背負っていく覚悟が必要だということです。

また、②に関して、こうしたことも掲げていますが、本校の生徒はそれだけの資質を持っているはずですから、生徒には『立川高校はもちろん、大学もあくまで通過点だから、入ることが目標ではなく、その後のことを考えて行動しよう』ということを折に触れて話しています。」（下條隆史校長先生）

こうした校風、そして高校生活になじめるよう、新入生に対しては上級生がさまざまな企画で1年生を迎える「新入生歓迎会」や、夏休みに実施される「臨海教室」があります。とくに臨海教室は立高の伝統で、自由参加でありながら、毎年1年生のほぼ全員が参加します。

「3泊4日の日程で、3日目にある遠泳を終えると、生徒は一気に成長します。『臨海教室を経験して真の立高生になる』と言われるほどです。」（下條校長先生）

2学期制から3学期制へ 土曜授業もスタート

立高は2003年度（平成15年度）に進学指導重点校に指定され、以降、全教職員、紫芳会（同窓会）、PTAが一体となって学力向上・進学指導へ組織的に取り組んできました。そうしたなかで、2012年度（平成24年度）からは、これまでの教育内容をふまえながら、新たな試みがスタートしています。

まず、1時限65分から50分に授業時間が変わりました。時間割も、以前は2つの時間割があり、1週間ごとに入れ替わっていましたが、月曜日から金曜日まで毎週同じ時間割で行われます。

学期制も、2学期制から3学期制へと移行し、それに合わせて土曜日は午前中に、年間20回の土曜授業が実施されるようになっています。

下條校長先生は「50分授業に変えたことで授業時数が増え、繰り返し学習ができるので、学習の定着が図れます。また、同じ曜日の同じ時間に同じ学習が行えることで、学習計画が立てやすくなりました。さらに、予習・復習の1日の科目数が増えたので、家庭学習時間の増加にもつながっています。土曜日には授業のほか、模擬テストや課題テスト、講習などを行っています。」と説明されました。

1・2年は共通履修 3年も必修の数学

カリキュラムは、1・2年生に関しては芸術をのぞいて全生徒共通履修となりました。3年生では生徒それぞれの希望進路に合わせたカリキュラムとなり、A・B（文系）、C・D（理系）という4つの類型から1つを選択する形です。

「本校では国語・数学・英語・理科・社会の授業数を多く確保しています。なかでも特徴的なのは、理科において物理・化学・生物・地学のすべてを必履修にしていることと、類型によって履修する科目は違いますが、3年生まで数学の必履修があることです。こうした形をとっているのは、難関国立大学に必要な5教科7科目、6教科7科目受験に対応するためです。一見、理系重視のように思えるかもしれませんが、難関国立大学の文系を意識したカリキュラムになっているのです」と話される下條校長先生。

　さらに、どの類型でも3年まで数学を学ぶことの意義について「入試問題が解ければいいというだけではなく、本来は論理的な思考力を養うために、数学というツールを使うわけですので、文系の生徒でもやはり数学は必要なのです。ですから、数学の学習においては、答えが出ればOKではなく、そこにいたる過程や記述の部分にも力を入れています」と説明されました。

　立高には「授業で鍛え、授業で養う学力」という基本的なスタンスがあり、授業は一般の高校と比べて進度が速いことで知られています。例えば1年の数学Ⅰでは、先取りして2年生の数学Ⅱが始められています。

　習熟度別授業は、2年生の数学Ⅱと化学、3年生では英語のライティングで2クラス3展開が行われています。また、2年生のライティングと3年生の現代文は少人数授業になっています。

　平日補習は、3年生を対象に0時限目の早朝補習（英語・数学・化学が中心）が実施されています。放課後の講習は、地歴公民をメインに、理・社で組織的な講習が行われています。また、国・数・英は個別指導の講習が中心です。

　夏休みには、希望制で参加する夏期講習が実施されています。3年生を対象に、1週間単位の大学受験に特化した講座が組まれ、全部で約50講座が用意されます。1、2年生は、復習タイプの講習が行われています。

新たな教育システムのもとで難関大学合格実績伸長に期待

　進路指導においては、「進路ガイダンス」「講演会」「面談」などによって、生徒の意欲が引き出されます。また、「先輩からの手紙」の配布や難関大学に合格した先輩による「合格者座談会」などで進路意識が高められます。

　さらに、「進路だより」の発行による情報発信や「総合的な学習の時間」を通して自分の生き方や進路を考える機会を用意しています。

　キャリア教育については、法曹界で働く卒業生による「法曹界企画」や、各界で活躍されている卒業生たちによる「先

立高祭（文化祭）

2日間で8000人ほどの来場者があり、毎年大きな盛りあがりを見せます。

臨海教室で行われる遠泳が大きな特徴です。

臨海教室

合唱祭

6月に、全学年のクラス対抗戦で行われます。体育祭、立高祭、演劇コンクールと合唱祭の4つが立高の4大行事です。

輩企画」、「留学生企画」などが立高のOB・OG会「紫芳会」の協力のもとで実施されています。

「紫芳会」には2万人を超える会員がおり、こうしたキャリア教育以外にも、臨海教室で生徒が宿泊する千葉県館山の「清明寮」の建て替えなど、さまざまな場面でバックアップを得ることができるのも、長い伝統を持つ立高の強みの1つです。

　立高に入学した生徒の約9割が国公立大志望であり、3年生になっても約8割の生徒が国公立大学を希望するといいます。難関国立大学（東大・京大・一橋大・東工大・国立医学部）への合格実績について下条校長先生は「進学指導重点校の指定を受けてから、2008年度（平成20年度）の旧帝大を含む難関国立大学の合格者16名をピークにその後は下降してきましたが、2011年度（平成23年度）に難関国立大学が13名、旧帝大を含めると22名となり、2012年度（平成24年度）も旧帝大を含め20名と健闘しました。今後は、理系だけでなく、新カリキュラムでの6教科7科目受験に対応した効果が現われ、難関国立大学の文系への合格者が増えていくと考えています」と話されました。

　昨年度から教育システム改革が始まり、新たな体制による進学校として注目される立高では、どのような生徒さんを待っているのでしょうか。

「立高に入るのがゴールではなく、あくまで将来のための通過点である意識を持っている生徒さん。そして、ここで学び、成長して、世界で活躍するリーダーとなる気概を併せ持った生徒さんに来ていただきたいと思っています。」（下条校長先生）

School Data

所在地	東京都立川市錦町2-13-5
アクセス	JR中央線・南武線・青梅線「立川」徒歩8分、多摩都市モノレール線「柴崎体育館」徒歩5分・「立川南」徒歩6分
TEL	042-524-8195
生徒数	男子505名、女子458名
URL	http://www.tachikawa-h.metro.tokyo.jp/

✣3学期制　✣週5日制（年20回土曜授業あり）
✣6時限　✣50分授業　✣8クラス
✣1クラス40名

2013年度（平成25年度）大学合格実績（ ）内は既卒

大学名	合格者	大学名	合格者
国公立大学		一橋大	5(4)
北海道大	6(1)	横浜国立大	5(2)
東北大	6(3)	山梨大	2(0)
筑波大	5(3)	新潟大	2(0)
埼玉大	4(2)	京都大	4(1)
千葉大	3(1)	神戸大	1(0)
お茶の水女子大	1(0)	首都大東京	20(4)
電気通信大	2(0)	その他国公立大	9(5)
東京大	5(4)	計	120(41)
東京外大	6(1)	私立大学	
東京海洋大	3(2)	早大	65(28)
東京学芸大	8(1)	慶應大	33(16)
東京芸大	4(1)	上智大	17(7)
東京工大	9(2)	東京理科大	39(24)
東京農工大	10(4)	上記私大の計	154(75)

和田式教育的指導

受験勉強はやらされるのではなく自分が主役になる勉強を

みなさん、夏休みを上手に過ごせていますか。
今回は、「受験勉強」、「受験生」とはどういうものかを改めてみなさんにお伝えし、自覚していただきたいと思います。そして、一見嫌われがちな受験勉強ですが、そこから得ることのできるメリットについてお話ししましょう。

より大学受験に近い国立・私立高校の受験

受験勉強とは、行きたい学校に受かるための勉強であり、そのための学力をつけていく勉強です。そしてこれは高校受験だけではなく、最終的に大学受験に通じるお話です。

公立高校を第1志望として受験する場合は、共通問題ですので、学校独自のというよりは、その問題でどれだけ点数が取れるかということを考える必要があります。

しかし、都立の進学指導重点校をはじめとする一部の学校では、独自の入試問題が出題されるので、学校別での対策が必要になってきます。

公立高校ではなく、私立や国立高校を受験する場合もまた、それぞれの学校で出される問題が違いますので、傾向を知り、対策を立てる必要があります。

合格するためには、学力が高ければいいと考えがちですが、こと受験においては、全般的な学力よりも、学校ごとに対策をとって勉強をする方が有利になることがあります。

例えば、東京大が第1志望で早稲田大や慶應義塾大を併願した場合、東京大を受ける人であれば、対策をしなくても早慶には受かるだろうと思ってしまいますが、実際には、早稲田大や慶應義塾大に向けて専念し

Hideki Wada

和田秀樹

1960年大阪府生まれ。東京大学医学部卒、東京大学医学部附属病院精神神経科助手、アメリカのカールメニンガー精神医学校国際フェローを経て、現在は川崎幸病院精神科顧問、国際医療福祉大学大学院教授、緑鐵受験指導ゼミナール代表を務める。心理学を児童教育、受験教育に活用し、独自の理論と実践で知られる。著書には『和田式　勉強のやる気をつくる本』（学研教育出版）『中学生の正しい勉強法』（瀬谷出版）『難関校に合格する人の共通点』（共著、東京書籍）など多数。初監督作品の映画「受験のシンデレラ」がモナコ国際映画祭グランプリ受賞。

て勉強を進めてきた受験生の方が有利になることがよくあります。

ですから、高校受験においても、1回のペーパーテストのために、自分が行きたい学校の入試対策を立てるという意味では、私立の名門や国立高校を受験する方が、大学受験に通じる、受験勉強であると言うことができます。

やらされるのではなく自分からやる勉強

いまある学力に合わせて進学する高校を決めるような人は、いくら受験をしようとも、ただの中学3年生であって受験生ではありません。

受験生というのは、自分の行きたい学校がはっきりしていて、その学校の入試に合わせて対策を練って勉強する生徒のことを言います。

そうすると、合格最低点から計算し、どの科目で何点取る必要があるかという戦略を立てる必要があります。いま苦手な科目があるのであれば、そこをこれからどのように伸ばしていくか。また、得意な科目は苦手科目をカバーするために何点取る必要があるのか、そうして、主体的に勉強していくことが受験勉強においてとても重要なのです。

そして、受験勉強において「自分がなにを学ばなければいけないか」を考えることが大人になるための大きなステップになるのです。

よく受験勉強ばかりしていると「オリジナリティのない人間になってしまう」とか「言われることしかできない人間になってしまう」などと言われることがありますが、じつはそうではなく、受験勉強を通じて、自分の意志をはっきりし、自我を確立することは、成長段階においてとても大切なのです。

大学附属高校に行くなら時間を有効活用した活動を

公立高校や進学校の私立高校に入学すると、さらに大学への受験勉強をしなければなりませんが、私立大学の附属高校をめざす人にとっては、大学にストレートで行けるということが大きな魅力のひとつです。

そうした大学附属高校をめざす人には、入学してから気をつけてほしいことがあります。

それは、大学への推薦基準を満たしていればいいと思って、高校生活が怠惰に流されてしまうことです。

入学試験をクリアして大学に入ってくる人たちは、貪欲に勉強してきているのです。大学ではそういう人たちと対等に勉強し、切磋琢磨することが大事です。自分の将来を考えた勉強や活動をしながら、ゆとりある時間を有効に活用した学校生活が送れるようにしてください。

昔は附属校出身というとおもしろい人が多いと思われていましたが、これからの時代は学歴よりも能力が見られます。なにをどうしてきたかが問われる厳しい時代であるということも考えておく必要があります。

※このページは37ページから読んでください。

解答（1）KS高校の得点の方程式は、

$5x + 2y + 3z = 27$　（ただし、$x \geqq y$）

$x = 1$、$y = 1$なら、

$5 + 2 + 3z = 27$

$z = \frac{20}{3}$

$z = \frac{20}{3}$は整数でないので、

$x = 1$、$y = 1$は成り立たない。

$x = 1$、$y = 0$なら、

$5 + 3z = 27$

$z = \frac{22}{3}$

$z = \frac{22}{3}$は整数でないので、

$x = 1$、$y = 1$は成り立たない。

以上から、$x = 1$の場合はないと証明できる。

次は（2）だ。$x = 2$だというのだから、（あ）はこうなる。

$10 + 2y + 3z = 27$

$2y + 3z = 17$

$y = 2$ならば、

$4 + 3z = 17$

$z = \frac{13}{3}$

これはzが整数でないので成り立たない。

$y = 1$ならば、

$2 + 3z = 17$

$z = 5$

$y = 0$ならば、$3z = 17$

$z = \frac{17}{3}$

これはzが整数でないので成り立たない。

解答は、$y = 1, z = 5$　としてもよいが、次のようにすると、（3）とつながっていく。

解答（2）$(y, z) = (1, 5)$

最後に（3）だ。$x = 1$と$x = 2$以外というのだから、$x = 3$から順に計算していこう。

$x = 3$の場合、$15 + 2y + 3z = 27$

$2y + 3z = 12$

$y = 0$ならば、$3z = 12$

$z = 4$　$(x, y, z) = (3, 0, 4)$

$y = 1$ならば、$2 + 3z = 12$

$3z = 10$　zは整数にならない。

$y = 2$ならば、$4 + 3z = 12$

$3z = 8$　zは整数にならない。

$y = 3$ならば、$6 + 3z = 12$

$z = 2$　$(x, y, z) = (3, 3, 2)$

$x = 4$の場合、$20 + 2y + 3z = 27$

$2y + 3z = 7$

$y = 0$ならば、$3z = 7$　zは整数にならない。

$y = 1$ならば、$2 + 3z = 7$

$3z = 5$　zは整数にならない。

$y = 2$ならば、$4 + 3z = 7$

$z = 1$　$(x, y, z) = (4, 2, 1)$

$y = 3$ならば、$6 + 3z = 7$

$3z = 1$　zは整数にならない。

$y = 4$ならば、$8 + 3z = 7$

$3z = -1$　zが負の数になってしまう。

$x = 5$の場合、$25 + 2y + 3z = 27$

$2y + 3z = 2$

$y = 0$ならば、

$3z = 2$　zは整数にならない。

$y = 1$ならば、$2 + 3z = 2$

$3z = 0$

$z = 0$　$(x, y, z) = (5, 1, 0)$

$y = 2$ならば、$4 + 3z = 2$

$3z = -2$　zが負の数になってしまう

これから先は、つまり$y \geqq 2$であれば、zが負の数になるとわかるね。

$x = 6$の場合、$30 + 2y + 3z = 27$

$2y + 3z = -3$

$y = 0$ならば、

$3z = -3$　zが負の数になってしまう

これから先はzが負の数になる。もうこれ以上、考える必要はない。

解答（3）$(x, y, z) = (3, 0, 4), (3, 3, 2), (4, 2, 1), (5, 1, 0)$

どうだい？　このような問題を「おもしろ～い！」と思った人は数学のセンスに富んでいる人だよ。高校生になっても数学は得意教科になるだろう。

こんなの「めんど～い」と感じた人は、ほかの教科のセンスが豊かなのだろう。しかし、高校に進んだら、さらにややこしい問題を解くことになるから、高校入試勉強を機会に、じっくり数学に取り組んで、決して苦手にならないようにしておくといいぞ。

※このページは37ページから読んでください。

これらが（1）の答えだ。きちんと整理すると

解答（1）昨年8月分使用料金
1000 円 $+ b(220 - a)$ 円
昨年9月分使用料金
1000 円 $+ 1.08b(190 - a)$ 円

続いて（2）だ。8月分の料金は3500円で、9月分の料金は2890円。

これらを（1）の答えに組み込むと、

$$\begin{cases} 1000 + b(220 - a) = 3500 \cdots\cdots\cdots（う） \\ 1000 + 1.08b(190 - a) = 2890 \cdots（え） \end{cases}$$

という連立方程式になる。これを解けばいい。

まず（え）の両辺を1.08で割って整理する。

$$1000 \div 1.08 + b(190 - a) = 2890 \div 1.08$$
$$b(190 - a) = 2890 \div 1.08 - 1000 \div 1.08$$
$$b(190 - a) = 1750$$
$$190b - ab = 1750$$
$$ab - 190b + 1750 = 0$$

（う）も整理すると、

$$1000 + b(220 - a) = 3500$$
$$1000 + 220b - ab = 3500$$
$$ab - 220b + 2500 = 0$$

整理した2つを並べると、

$$\begin{cases} ab - 190b + 1750 = 0 \\ ab - 220b + 2500 = 0 \end{cases}$$

この連立方程式を解けば、答えが出る。

$$\begin{array}{rr} & ab - 190b + 1750 = 0 \\ -) & \underline{ab - 220b + 2500 = 0} \\ & 30b - 750 = 0 \\ & b = 25 \end{array}$$

この $b = 25$ を $ab - 220b + 2500 = 0$ に代入すれば、a の値がわかる。

$$25a - 220 \times 25 + 2500 = 0$$
$$25a = 3000$$
$$a = 120$$

解答（2）$a = 120$　$b = 25$

ここまで書いて、一休みしようとテレビのスイッチを入れたら、東京五輪の番組をやっていた。で、頭に浮かんだのは、ラグビーの問題だった。慶應義塾の兄弟校である慶應志木で出された問題だ。

ラグビーの得点の入り方には3通りある。トライにより5点，コンバージョンゴールにより2点，ペナルティーゴールまたはドロップゴールにより3点である。ただし，コンバージョンゴールは，トライの後にのみ与えられるコンバージョンキックが成功した場合に限り得点できる。

ある試合でKS高校の得点が27点であった。トライが x 回，コンバージョンゴールが y 回，ペナルティーゴールまたはドロップゴールが z 回であったとして，x，y，z に関する方程式を作り，次の問いに答えよ。

（1）$x = 1$ の場合はないことを示せ。
（2）$x = 2$ のとき，y，z の組をすべて求めよ。
（3）（2）以外のとき，x，y，z の組をすべて求めよ。

まず、問いの指示に従って、KS高校の得点の方程式を x、y、z を使って作ろう。これは簡単だ。

トライが x 回だから、トライ得点は $5x$。コンバージョンゴールが y 回だから、その得点は $2y$。ペナルティーゴール、ドロップゴールが z 回だから、その得点は $3z$。

以上を合わせた総得点が27点だから、KS高校の得点の方程式は以下のようになる。

$$5x + 2y + 3z = 27 \cdots\cdots（あ）$$

ただし、ここで注意しなければならないのは、「コンバージョンゴールはトライの後にのみ与えられるコンバージョンキックが成功した場合に限り得点できる」ということだ。

つまり、$x \geqq y$ ということだね。それから忘れてならないのは、x も y も z も正の整数だということだ。

方程式ができたら、さっそく（1）だ。

$x = 1$ ならば、$x \geqq y$ だから、y は1か0だよ。そうすると、（あ）はこうなる。

$x = 1$、$y = 1$ なら、

$$5 + 2 + 3z = 27$$
$$z = \frac{20}{3}$$

これでは z が整数にならないから、$x = 1$、$y = 1$ はありえない。

$x = 1$、$y = 0$ なら、

$$5 + 3z = 27$$
$$z = \frac{22}{3}$$

これも z が整数にならないから、$x = 1$、$y = 0$ もありえない。結局、$x = 1$ ということはありえないのだ。

（1）の解答はこんなふうに書けばよい。

教育評論家 正尾 佐の

高校受験指南書

【八拾壱の巻】今年出たおもしろい問題

数学

Tasuku Masao

９月号からは「今年出たおもしろい問題」シリーズだ。最初は数学。この原稿を書いているのは７月７日の夜、琴座のベガと鷲《わし》座のアルタイルが待ちに待った夜だ。ん？　意味わかんねぇ、だと？　情けないぞ。ベガは織《しょく》女《じょ》星、アルタイルは牽牛《けんぎゅう》星、織姫《おりひめ》と彦星だ。

今夜はこの２星、いや２人の思いのせいか、やたら暑い。気温は35℃、やむをえず、エアコンをフル活動させている。が、気温と反対に懐《ふところ》の寒いワガハイとしては、気になるのは電気代だ。こんな暑い日が続いたら、電気代はいくらになるだろうか、と気になったとたんに頭に浮かんだのは、慶應義塾の問題。うん、少しだけおもしろい問題だ。よし、原稿を書き始めよう。

ある電力会社の電気料金は，（電気料金）＝（基本料金）＋（超過料金）で計算される。

	使用量	料　金
８月分（値上げ前）	220kW	3500円
９月分（値上げ後）	190kW	2890円

基本料金とは一定量 akW（kW：使用電力量を測る単位）までの料金1000円のことで，超過料金とは akW を超えた分の料金のことで 1kW あたり b 円である。この電力会社ではある事情により，昨年９月分から超過料金についてのみ 1kW あたり８%値上げをした。表はある家庭の昨年８月分と９月分の電気使用量と料金である。このとき、次の問いに答えなさい。

（１）昨年８月分の使用料金3500円および９月分の使用料金2890円をそれぞれ a，b を用いて表しなさい。

（２）a，b の値を求めなさい。

ややこしそうに見えるが、２次方程式の問題だ。しかも、親切なことに、（１）と（２）に分けられていて、解く手順がわかるようになっている。では、（１）から解いていこう。

基本料金は1000円に決められているね。

一方、超過料金は全使用量から akW を引いた残りの料金で、1kW につき b 円だ。式で表すと、

（全使用量 − a）× b……（あ）

念のために言うが、これは値上げ前の超過料金だ。

昨年８月分の使用量は220kW だから、220を（あ）に組み込む（代入する）と、

$(220 - a) \times b$

使用料金は、基本料金に超過料金を加えた金額だから、昨年８月分の使用料金は、

$$\underset{(基本料金)}{1000} + \underset{(超過料金)}{(220 - a) \times b}$$

ということになる。

さて、昨年９月からは超過料金が８%値上げになった。だから、新たな超過料金を式で表すと、

（全使用量 − a）× $1.08b$……（い）

になる。

昨年９月分の使用量は190kW だから、190を（い）に組み込むと、

$(190 - a) \times 1.08b$

すると、昨年９月分の使用料金（2890円）は、

$$\underset{(基本料金)}{1000} + \underset{(超過料金)}{(190 - a) \times 1.08b}$$

ということになる。

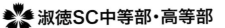

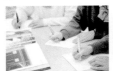

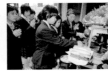

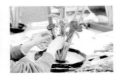

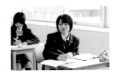

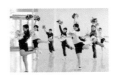

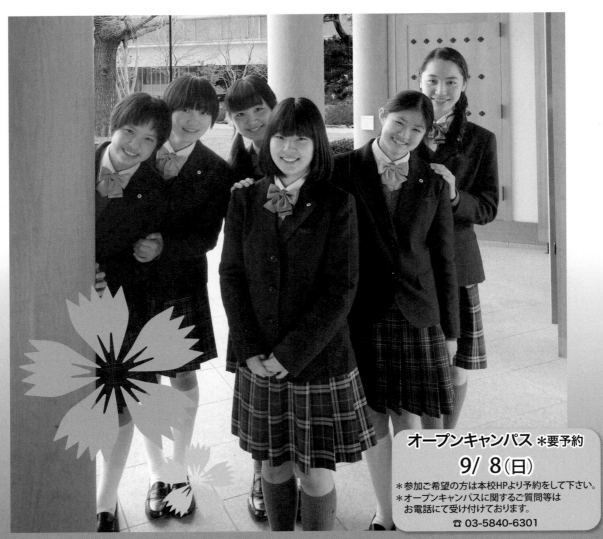

バスが動き出した。隣に座ったはいいものの、どうやって切り出したらいいものか、どんな会話をしたらいいのかぼくにはわからなかった。

だから、ぼくも彼女も2人とも黙ったままバスに揺られていた。お互いに窓の外を眺めているだけで、気まずい雰囲気が漂っていた。

「本当に、無理をお願いしてしまって…。」

沈黙に耐えきれなくなってきたところで彼女が話し始めた。

「い、いや、ぜ、全然無理じゃないです！ 全然！」

ぼくはあわてて応えた。

あわてていたからボリュームの調整を間違えてしまった。バスの車内にいた乗客たちがぼくの方を振り返った。とても恥ずかしかった。

「す、すみません…。」

そんなぼくを見て、彼女はクスクス笑った。

「あ、あの。こ、これ。」

ぼくはいっぱいいっぱいになりながら、濡れないようにしっかり守ってきたあの箱を彼女に渡した。

「あ、ありがとうございます。」

彼女は微笑みながら両手で大切そうに箱を受け取った。

「開けてもいいですか?」

彼女は上目がちにぼくを見ながらそう尋ねてきた。クソ、かわいいな。女子はどうして人に許可を求めるときに、上手に上目遣いができるんだろう。そんなことをされて、ダメだなんて言える男はどれだけいるだろう。

「あ、は、はい。も、もちろん。」

「じゃ。」

そう言って彼女は包装紙をはがし始めた。はがすときも破るのではなく、テープを丁寧にはがし、きれいに包装を解いていく。ものを扱う手つきがとても優しい。この人の人格が手つきに表れている。

はがした包装紙をきれいに折りたたむと、彼女は箱を開けた。

「うわぁ、かわいい！ ありがとうございます！」

彼女はサーフボードのキーホルダーを取り出して、顔の前でブラブラさせて見せた。

「これは、レイがついてるんですか?」

「あ、あ、はい。それは、つ、つなぎ目を隠すために、デ、デコってみたんです。」

「すごーい。売り物みたい。とても一度折れたものとは思えませんね。本当にありがとうございます！ 手先が器用でセンスがいいんですね！」

そう言って彼女はにっこりと笑った。

そうして、もともとはそれをぶら下げて

宇津城センセの受験よもやま話

ある少年の手記⑦

宇津城 靖人先生

早稲田アカデミー 特化ブロック ブロック長

兼 ExiV西日暮里校校長

あったカバンの取っ手の部分に、キーホルダーをつけ始めた。

「いや、あの、と、友だちが。手伝ってくれたから…。」

「ああ、直って本当によかった…。これ、とても大切なものだったんです。本当にありがとうございます。」

　彼女はそう言うと座りながらもぼくに正対してペコリと頭を下げた。

「い、いえ。全然です。」

　ぼくは彼女のはしゃぎぶりに当惑してしまい、どう反応していいかわからなかった。

「ぜひ、一度、お礼をさせてください。」

「い、いえいえ。お、お礼なんてとんでもないです。」

　予想外の展開だった。いや、予想していたのだろうか。彼女からの見返りをどこかで期待していたからこそ、わざわざキーホルダーを直したのではなかったか。

　でも、そうであるならば、これは純粋な善意からの行動ではなく、単なる偽善でしかないのではないだろうか。ここでお礼を受けてしまったら、ぼくの行為自体がそのレベルになり下がってしまうのではないだろうか。そんなことを頭のなかで考えていた。

「甘いものは、嫌いじゃないですか？」

　彼女は、例の上目遣いでぼくに尋ねてきた。こんな聞き方をされたら、10人中10人が同じ答えをするだろう。

「は、はい、嫌いじゃないです。」

　ぼくはなんとか答えると、彼女の方を横目でちらりと見た。

「そうですか。よかった。」

　彼女は嬉しそうに微笑んで体勢をもとにもどした。

　バスの外は雨が降っていたはずなのに、いつの間にか朝日が雲間から注ぎ込むようになっていた。雲の白さと灰色さが、太陽の光に照らされて際立って美しかった。まるで西洋の絵画のようだ。明暗を描き分ける技術に長けた、だれが描いたかわからない西洋の絵画。

　雲間から差す太陽の光が、帯のように見える。雨は降り続いているのに、光が差し込んで空は明るい。

「お礼、少し先になってしまうかもしれません。」

　彼女は突然、ポツリと言った。

「いや、だから、お、お礼なんていいですって。」

「そうはいきません。材料費だってきっとかかってるんだから…。」

「たいしてかかっていませんよ。も、もともと持っているものを使っただけですし。」

「あの、私がお礼をしたいので。」

「はあ。」

「すみません。勝手で。」

　次のバス停についた。かなりの乗客が降りた。

　その間ぼくらはまたもや黙ったままだった。

　そうしてバスが再び発車する。スピードを上げると、ぼくらの身体がうしろへ揺れる。その身体の動きがシンクロするのが、なんだかおもしろかった。

「ちょっと、学校から指示を受けたんですけど…。」

　彼女は目線を進行方向へ向けたまま話した。

「指示？　ど、どんな？」

「奉仕活動をしなさいっていう指示です。」

「へ、へえ。奉仕活動ですか…。じゃあ、そ、そのお礼が奉仕活動ってことなんですか？」

　突然目を丸くした彼女が、こちらにクルリと顔を向けた。そうしてクスクスと笑い出した。

「いいえ、フフ、これは私からのホントのお礼です。奉仕活動は全然別なんです。病院に行ってお手伝いをしなければならないんです。」

「へえ、大変ですね。でも、エライです。尊敬します。」

「友だちが学校から指示を受けて、それを手伝うことになったんです。だから、しばらく時間がとれないから、お礼するのに準備とか必要なので…。遅くなってしまってもいいですか？」

　出た、例の上目遣いだ。ナチュラルにこれができるのだから本当にすごい。まったく狙ってもいないであろう行動だから、心にズシンと響く。

「あの、だ、だからお礼なんて別に…。」

　そこまで言いかけると彼女の表情が悲しげに曇る。

「お、遅くなっても、大丈夫です。」

　思わず言い換えてしまった。

「ああ、よかった。ありがとうございます。来週にはお礼ができると思いますが、今週はごめんなさい。」

　頭をペコリと下げた彼女から、シャンプーのいいにおいが漂う。どうして女の子はこんなにたくさんの魔法を使えるんだろう。同じにおいが男友だちからしても、まったく心は動かないだろうに。

　バスが目的地のバス停に到着しようとしていた。まもなく2人の逢瀬はおしまいだ。

　あれほど会うことを恐れていたのに、終わりが近づいてくるとこんなにもせつなくなる。ああ、これが恋というものなんだなと、ぼくはしみじみと感じていた。

　窓の外の天気雨は相変わらずだった。明るいけど雨が降っているという相反する2つのことが、奇妙な雰囲気を醸し出していた。

慇・懃・無・礼?!
今月のオトナの四字熟語「合格横丁」

筆者は普段どこで仕事をしているかというと、自分の事務所だったりするのですが、その事務所がどこにあるかというと、本郷東大の正門前だったりします。ですから毎日、東京大学の様子をうかがい知ることができるわけです。「五月祭」（東京大学本郷キャンパスの学園祭）だったり、「オープンキャンパス」（現役高校生が東京大学を訪問できるイベント）だったり、「ホームカミングデイ」（東大卒業生が母校を懐かしんで訪問する日）だったり、「○○教授の最終講義」（今年度で退官される先生が最後に行う授業で、一般に公開されたりします）だったり、「あれ、今日はやけに人が多いな?!」なんて感じる日は、東大で何かしらのイベントが開催されていたりするのです。

そんな中でも最大のイベントは、やはり東大入試ですね。とりわけ合格発表の日というのはテレビカメラも入って合格者へのインタビューが行われたり、東大のアメフト部やらラグビー部やらのマッチョな学生諸君が合格者を取り囲んで胴上げを行ったりと、お祭り騒ぎの様相です。

筆者自身、もう四半世紀以上も前のハナシになりますが、自分の合格発表のシーンというのは、鮮明に覚えていますよ。ちょうど安田講堂か何かが改修のタイミングだったかで、本郷ではなく駒場で合格発表が行われた年になります。駒場東大前の駅に到着する前、渋谷から乗った井の頭線の電車の中で、発表掲示板の中に自分の番号があることをイメージしながら、番号を確認した瞬間に「クリヤーしたぞ!」と叫ぼうと決めていたことなど、ありありと思い出せます。合格書類を受け取り、手続きをすませて、駒場東大を後にしようとしたときに、強烈に胸にこみ上げてきたのが、「川端康成の後輩になることができた!」という思いでした。文学少年だった筆者は、『掌の小説』という川端康成の短編小説集を持ち歩いていたりしましたからね。高校では文芸部の部長だったんですよ。

さて帰ろう、と思ったときに、「あ、ウチに電話するのを忘れてた」というカンジで、兵庫県は宝塚の実家に「合格電話」を入れました。忘れていたワケではないのですが、合格を確認して、先ずは事務手続きだ! とばかりに電話連絡は後回しにしたのでした。実家の方では「あまりに連絡が遅い」ことから「これは不合格なん

国語 東大入試突破への現国の習慣

「合格したよ!」と、周囲に連絡をしている自分の姿を、ありありとイメージしてみよう!

田《た》中《なか》 利《とし》周《かね》先生
早稲田アカデミー教務企画顧問

東京大学文学部卒。東京大学大学院人文科学研究科修士課程修了。文教委員会委員。現国や日本史などの受験参考書の著作も多数。早稲田アカデミー「東大100名合格プロジェクト」メンバー。

だろうな」と諦めていたそうです。

　君たちの世代には「合格電話」なるものの意味が分からないでしょうね。そう、当時はスマホはもちろん、ケータイもまだ普及していない時代だったんですよ！ 電話をかけようとするならば、公衆電話を見つけ出して、そこからかけるしかなかったのです。合格の報告を家族にいち早く伝えようと、皆が公衆電話に殺到して、長い行列をつくっているという風景。これが「合格電話」であり、東大合格発表のひとつの「風物詩」となっていたのです。

　今ではすっかり様変わりしてしまった「合格電話」ですが、「合格したよ！」と、誰かに伝えたいという気持ちは、今も昔もかわらないでしょう。毎年、筆者のところにも「先生、合格しました！」とメールが届きますから。

　さて、本郷東大の正門前から、横断歩道を渡って、路地に入り、真っ直ぐに50ｍほど進んだところに、今も置かれている公衆電話があります。かつて合格発表のときには、この公衆電話から行列ができ、路地を受験生が埋め尽くしたそうです。そしてこの路地についた名前が「合格横丁」。なんとも縁起のいい名前ですね。

　8月25日には、この「合格横丁」で盆踊り大会が開催されます。今年は試みに「合格手ぬぐい」や「合格携帯ストラップ」が出品されるそうですので、皆さんも縁起を担いで手に入れてみてはいかがでしょうか！ 事務所でお待ちしていますよ（笑）。

グレーゾーンに照準！ 今月のオトナの言い回し「留保する」

「留保」は、「すぐその場で行わないで、一時差し控えること」を意味する熟語になります。「決定を留保する」などのように使ったりします。決めなくてはいけない、ということは分かっているのですが…今ここでは決められない、という場合に「留保する」というセリフが出てくることになるのです。じゃあ、いつ決めるの？ というツッコミが入りそうですね（笑）。「今でしょう！」とドヤ顔で詰め寄られても、「それは差し控えたいと思います」と、あくまで留保を決め込むとするならば、やらなくてはいけないことを「先送り」にしているというマイナスのイメージがともないますので、なんだかワケがあって今すぐにはやらないのでは、いや、やれないのではないのか？ という疑いがもたれることになってしまうのです。

　「留保なんかしてないで、速やかに決定してください！ さあ、今すぐ！」マスコミがこぞって批判するのは「決められない政治」ですよね。先月も取り上げましたが、とりわけテレビというメディアで求められるのが、この即断即決になるのです。「あなたは賛成ですか？ 反対ですか？」といったような二者択一を迫られたときに、「いやぁ、どうでしょう？ 私には分かりません！」と、決定を留保するようでは、テレビタレントとして役に立たないというわけです。けれども果たして本当にそれでいいのでしょうか？ 今すぐに決められない、というのは言い訳に過ぎないのでしょうか？

　ある新聞社の方から聞いた話ですが、世論調査の結果が以前とは随分と違ってきているそうです。例えば「内閣の支持率」ですが、かつてはかなりの割合をDKグループが占めていたとのことです。DKというのは英語の〝Don't know〟の頭文字をとった「略語」で、「分からない」という意味になりますよね。そのDKグループ、つまり「すぐには答えられない」と判断を留保するという態度をとるグループが、最近急速に減ってきているそうです。そう言われて私も注意するようになったのですが、確かにDKグループは減っています。逆に言うと、「分からない」とは答えずに、賛成か？ 反対か？ の二者択一を、多くの人たちが即決するようになったということです。誰もが即座に、良いか、悪いかを答えてしまうのです。

　これは決して考え抜いて導き出した答えではないと思います。経済状況を専門的に分析したわけでも、政治状況を理解したうえで判断したわけでもないでしょう。誰もが皆経済学者や政治学者なわけでもないのですから、知らないことがあったり、分からないことがあったりするのが当たり前です。それが正直なところだと思います。ところが、それでも無理をして良いか悪いかを答えようとする。好き・嫌いのレベルで判断してしまう。そういう習慣が大人の間にも広がってきている結果でしょう、このDKグループの減少は。じっくりと考えるプロセスが急速に欠如してきているのです。考えずに、答えようとだけすると、できるだけ対応をみんなに合わせる傾向が強まります。即座に答えるためには、自分で考える前に人に合わせて安全な答えをしておくに越したことはありませんから。そのため、世論が非常にまとまりやすくなるとともに、流れやすくなっているともいえます。

　「先送り」の言い訳に「留保」を使ってしまっては本末転倒ですが、そもそも分からないことを、じっくりと時間をかけて考えるというのは、何よりも大切にしなくてはならない基本姿勢だと思います。ここで筆者が主張している「現国の習慣」というのは、この「ちょっと待ってください。今、考えているのです」と、当たり前のように言える態度のことに他なりません。条件反射ではない思考力を身につけること。「現国の習慣」は「心の習慣」なのです。

（栃木県）

(1)　お父さんが立ち止まって春子さんを待っていたのは何分間か。

(2)　家を出発して４分後から６分後までのxとyの関係を式で表しなさい。ただし、途中の計算も書くこと。

(3)　駅で折り返して家に向かう太郎さんが、駅に向かうお父さんと春子さんに出会うのは、家を出発してから何分何秒後か。

＜解き方＞

(1)　グラフの４分後から６分後までの傾きは、$\frac{540-0}{6-4}$＝270だから、太郎さんだけが動いていることになる。よって、お父さんが立ち止まって春子さんを待っていたのは**２分間**。

(2)　(1)の傾きと、グラフが（4, 0）を通ることから、家を出発して４分後から６分後までのxとyの関係の式は、$y=270(x-4)$。　← 公式②

すなわち、$\boldsymbol{y=270x-1080}$

(3)　グラフの６分後から９分後までの傾きは、$\frac{810-540}{9-6}$＝90だから、春子さんの速さは270－90＝180(m／分)

グラフより、９分後に太郎さんが駅で折り返したことがわかるから、太郎さんが駅で折り返してt分後に駅に向かうお父さんと春子さんに出会うとすると、

$270t+180t=810$

が成り立つ。これを解いて、$t=1.8$。1.8分＝1分48秒だから、太郎さんが、駅に向かうお父さんと春子さんに出会うのは、家を出発してから**10分48秒後**。

次は、２次関数の応用問題ですが、はじめに紹介した公式が大活躍します。

問題2

図のように、３つの関数$y=2x^2$、$y=-\frac{1}{2}x+\frac{21}{4}$、$y=2x+k$のグラフが点A、B、C、D、Mで交わっている。点Mが線分CDの中点であるとき、次の各問いに答えよ。

ただし、座標軸の１目盛りを１cmとする。

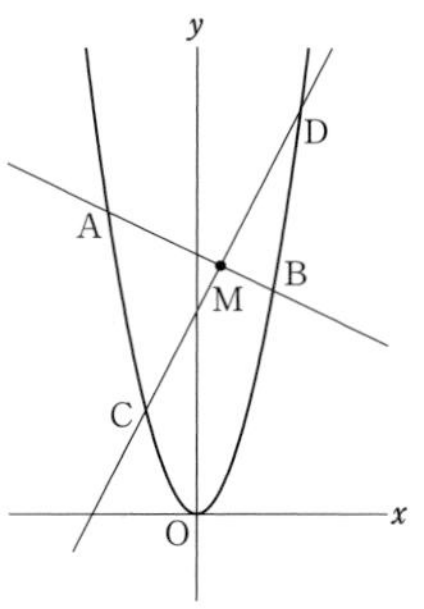

（早稲田実業）

(1)　kの値を求めよ。

(2)　△BCDの面積を求めよ。

(3)　省略

＜解き方＞

(1)　点C、Dのx座標を、それぞれc、dとすると、Mのx座標は$\frac{c+d}{2}$　← 公式①

一方、関数$y=2x^2$で、xの値がcからdに増加するときの変化の割合が直線CDの傾きと等しいことから、$2(c+d)=2$より$\frac{c+d}{2}=\frac{1}{2}$　← 公式③

これを$y=-\frac{1}{2}x+\frac{21}{4}$に代入して、$y=5$より、M($\frac{1}{2}$, 5)

よって、$y=2x+k$に代入して、$\boldsymbol{k=4}$

(2)　図のように、直線CDとy軸との交点をP、点Bを通り直線CDに平行な直線とy軸との交点をQとすると、CD//QBより△BCD＝△QCD

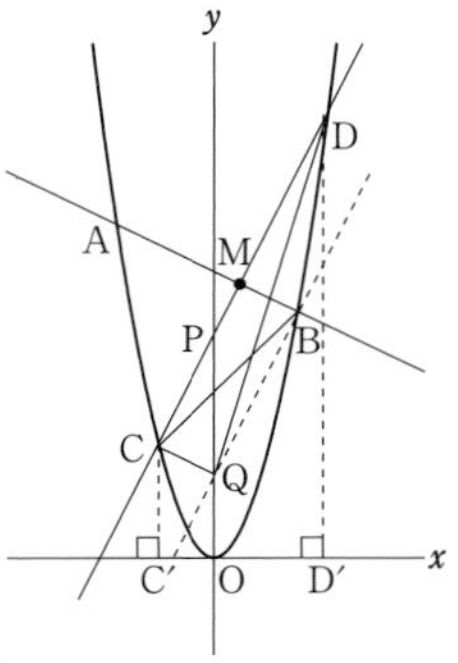

ここでBの座標は、$2x^2=-\frac{1}{2}x+\frac{21}{4}$を解くと、

$x=\frac{3}{2}$、$-\frac{7}{4}$だから、B($\frac{3}{2}$, $\frac{9}{2}$)

これより直線QBの式は、

$y=2(x-\frac{3}{2})+\frac{9}{2}$　← 公式②

よって、Q(0, $\frac{3}{2}$)

また、C、Dの座標は、$2x^2=2x+4$を解くと、$x=-1$、2だから、

C(－1, 2)、D(2, 8)

よって、△BCD＝△QCD＝$\frac{1}{2}$×C′D′×PQ＝$\frac{1}{2}$×(2＋1)×(4－$\frac{3}{2}$)＝$\boldsymbol{\frac{15}{4}}$**(㎠)**　← 公式④

関数の問題では、数量と図形の融合問題となっているものが少なくありません。

その場合、関数の基礎知識に加えて、方程式の解法や図形の定理をしっかりと身につけていなければ正解を導けないことになります。関数を苦手とする人が多いのも、そのことが原因になっているのです。したがって、できるだけ多くの問題にあたり、１つひとつ解法のパターンを身につけていくことが大切です。この地道な努力は、数学の総合力を引きあげることにつながりますので、ぜひ頑張りましょう。

数学

楽しみmath 数学! DX

関数と図形の融合問題を攻略

登木 隆司先生
早稲田アカデミー　城北ブロック ブロック長
兼 池袋校校長

今月は、関数と図形の融合問題を学習していきます。

はじめに覚えておくと便利な関数の公式をいくつか紹介しておきます。

①A(x_1, y_1)、B(x_2, y_2) のとき、線分ABの中点の座標

$\left(\frac{x_1+x_2}{2}, \frac{y_1+y_2}{2}\right)$

②傾きm、定点(x_1, y_1) を通る直線の式

$y=m(x-x_1)+y_1$

③関数$y=ax^2$で、xの値がpからqに増加するときの変化の割合

$\frac{(y\text{の増加量})}{(x\text{の増加量})}=\frac{aq^2-ap^2}{q-p}=\frac{a(q+p)(q-p)}{q-p}$
$=a(q+p)$

さらに、右図でA(p, ap^2)、B(q, aq^2) とすると、$a(q+p)$ は直線ABの傾きを表します。

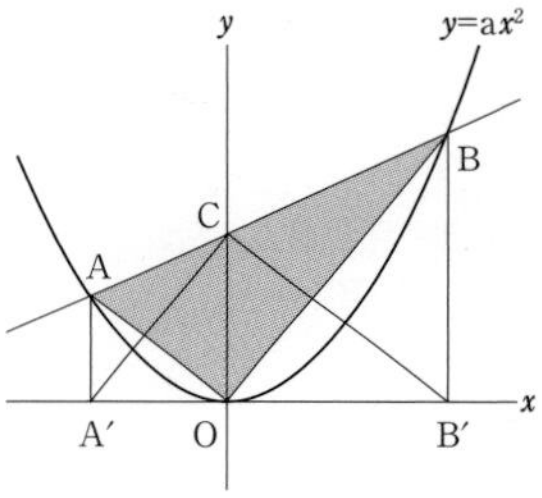

④放物線の中の三角形の面積

右図において、△AOB
$=$△A′CB′$=\frac{1}{2}\times$A′B′$\times$OC

それでは、はじめに１次関数の応用問題です。

問題１

太郎さんは、お父さんと妹の春子さんとランニングをした。３人は同時に家を出発し、家から駅までの一直線の道路を往復した。

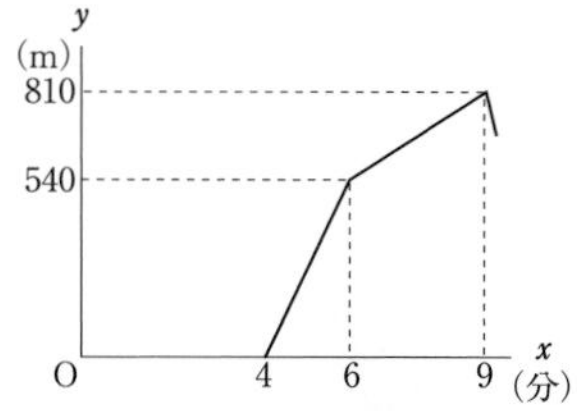

太郎さんは途中で休むことなく、行きも帰りも毎分270mの速さで走り続けた。春子さんも、太郎さんより遅いが一定の速さで走り続けた。お父さんは、はじめのうちは太郎さんと一緒に走ったが、春子さんとの間の距離がひらいたため太郎さんを先に行かせ、立ち止まって春子さんを待った。そして、春子さんがお父さんに追いついたあとは２人で一緒に走った。

家を出発してからx分後の太郎さんとお父さんとの間の距離をy mとする。上の図は、xとyの関係を表したグラフの一部である。

このとき、次の(1)～(3)の問いに答えなさい。

The Little Match Girl

そろそろ夏休みも終わり、２学期が始まります。まだまだ暑い日が続きますね。この夏は計画的に生活できましたか？　しっかり勉強できましたか？　２学期は学校行事も多く、忙しい日々が続くと思います。引き続き充実した生活を送ってくださいね。

さて、今回取り上げるのは、Hans Christian Andersen(アンデルセン)著『The Little Match Girl』(マッチ売りの少女）です。「年の瀬も押し迫った大晦日の夜、小さな少女が１人、寒空の下でマッチを売っていた。マッチが売れなければ父親に叱られるので、すべて売り切るまでは家には帰れない。しかし、人々は年の瀬の慌ただしさから、少女には目もくれずに通り過ぎていった。夜も更け、少女は少しでも自分を暖めようとマッチに火を付けた…。」という話です。みなさんも聞いたことがある話だと思いますので、機会があればぜひ英語版でも読んでみてください。

今回学習するフレーズ

①It was terribly cold, snowed, and was nearly quite dark, and evening – the last evening of the year. In this cold and darkness ②there was a poor little girl, bareheaded, and ③with naked feet.

全　訳

非常に寒く、雪の降った、本当に暗い、年の瀬も押し迫った大晦日の夜でした。この寒く暗いなか、帽子もかぶらず、素足のままのある貧しい女の子がいました。

Grammar&Vocabulary	
① it	天候・寒暖・明暗を表す主語 (ex) It is sunny today. 「今日はいい天気です。」
② There is ～	～がいます。 (ex) There was a girl in the park. 「公園にある女の子がいました。」
③ with ～	～な状態で (ex) He listened to the song with his eyes closed. 「彼は目を閉じたままその歌を聞いた。」

英語　英語で読む名作

川村 宏一先生
早稲田アカデミー　教務部中学課　上席専門職

【訂正】2013年8月号の全訳で「ウサギが出発しようとやっと目を覚ますと」とありますが、正しくは「ウサギがハッとして目を覚ますと」の誤りでした。訂正してお詫びいたします。

GREEN FOREST, BLUE SKY & SUNSHINE
「ありがとう」から始める教育があります
感謝の気持ちに基づく“思いやりの心”を育むことで豊かな人間性を養い、その上に深い英知と強靭な体力を身につける――。みずみずしい感性と柔軟な思考、高い吸収力を備えている高校時代だからこそ伸びやかな環境の中で、「感謝の心」「思いやりの心」「自立の心」をしっかりと育んでいきたいと考えています。それは、人種を越え、国境を越えてさまざまな人々と共に生きる“未来の社会”を生きていくために不可欠な力。麗澤高等学校は、他者の思いに寄り添いながら、自分の心と真摯に向き合い、いつも感謝の気持ちを大切にする高潔な人間性の上に、高く強固な知力と強くしなやかな体力を身につけた21世紀のグローバル社会を託せる人を育成してまいります。
高等学校学校説明会
8/25(日)14:30～16:00　9/28(土)14:30～16:00
10/26(土)10:30～12:00　11/16(土)14:30～16:00
12/ 1(日)10:30～12:00
＊各回とも、説明会終了後に「寮見学と寮の説明会」「施設見学」「個別説明」を実施します。
寮体験「サマーチャレンジ」［中2・3対象］
8/18（日） ～ 8/20（火）
公開行事
9/13（金）麗鳳祭［文化発表会］
9/14（土）麗鳳祭［展示会］
2/22（土）
ニューズプレゼンテーション
［ILC］
麗澤高等学校
JR常磐線［東京メトロ千代田線直通］『南柏駅』より
東武バス［約5分］『広池学園』下車
〒277-8686 千葉県柏市光ヶ丘2-1-1　Tel：04-7173-3700　http://www.hs.reitaku.jp

みんなの数学広場

TEXT BY かずはじめ

数学を子どもたちに、楽しく、わかりやすく、
使ってもらえるように日夜研究している。
好きな言葉は、"笑う門には福来る"。

問題編

初級～上級までの各問題に
生徒たちが答えています。
どの生徒が正しい答えを
言っているか当ててみよう。
もちろん、当てずっぽうじゃなく、
実際に問題を解いてみてね。

答えは次のページ

上級

正の整数Nを3で割ると2余り、
7で割ると6余る数を小さい順に 10 個並べたとき、
その合計はいくつですか？

A

答えは…

1135

3 で割ると 2 余るということは
1 引くと 1 余るということ。

B

答えは…

1145

3 で割ると 2 余るわけだから
1 足すと割り切れるわ。

C

答えは…

1155

ということは
両方に 1 を足すと割り切れる!

中級

数学ですが、英語の問題です。
二等辺三角形は英語でなんと言うでしょう。

A

答えは…
isosceles triangle
数学も英語も得意です。

B

答えは…
equilateral triangle
数学は得意だけど英語は苦手です。

C

答えは…
square triangle
数学も英語も苦手です。

初級

ドイツの数学者のフェリックス・クラインは、「○○と数学？全然、似てないよ。だって、数学は美しいじゃないか」と言いました。さて、○○とはなんと言ったのでしょうか。

A

答えは…
美術
「数学は美しい」がミソ!

B

答えは…
理科
「全然似てない」がミソ!

C

答えは…
音楽
とくにミソ!　はない!

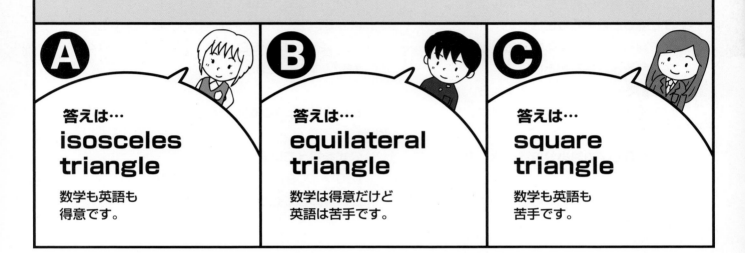

解答編

上級

正解は　答え B

まず、正の整数Nを３で割ると２余り、７で割ると６余る最小の数を見つけましょう。
３で割ると２余る数とは
３で割ると１不足する数であり、
７で割ると６余る数とは
７で割ると１不足する数ですから、
N＋１は、３と７で割り切れます。

つまり３と７の最小公倍数の 21 の倍数です。

つまり、N＋１＝ 21 の倍数ですから
小さい順に 10 個並べると…

N ＋１＝ 21、42、63、84、105、126、147、168、189、210
よって、
N ＝ 20、41、62、83、104、125、146、167、188、209

この合計は、10 個を真面目に足してもいいですし、
公式を知っている方は
(20 ＋ 209) × 10 ÷２＝ 1145
と、計算してもかまいません。

なんで1引いた?

考え方はあっているけど
計算間違い?

中級

正解は 答え A

isoscelesとは、数学で「二等辺の」という意味があります。
ちなみに、頂角＝Vertex、底辺＝base、辺＝sideと言います。
言われてみるとピンと来ますよね。

equilateralは等辺のという意味で正三角形を表します。

squareは正方形ですよ。
正方形三角形!?

初級

正解は 答え C

ドイツの数学者フェリックス・クラインは、群論と幾何学の関係や関数論などの研究をした方です。それにしても、「音楽と数学は似てない」とは古代ギリシアの数学者ユークリッドと逆ですね。ちなみにユークリッドは、万物の根源はハーモニー（調和）であると言いました。つまり、音楽と数学は関連があるということです。フェリックス・クラインはそれと逆の考えを持っていたんですね。

まぁ、そうなんだけどね。

数学と理科は似てますよね?

売り込みたい 先輩に聞け！ 大学ナビゲーター

日本女子大学

人間社会学部文化学科1年

黒《くろ》澤《さわ》　瑞《みず》紀《き》さん

現代の文化から歴史まで幅広く学ぶ

――日本女子大の人間社会学部を受験したきっかけを教えてください。

「国際文化を学びたかったので、それを学べる大学を探していました。そのなかで、日本女子大は女子大のなかでも就職率がいいという話を先生から聞き、入学を決めました。人間社会学部には、教育学科、文化学科、現代社会学科、社会福祉学科、心理学科の5学科があります。私はそのなかの文化学科で、国際文化について学んでいます。」

――国際文化を学びたいと思ったのはなぜですか。

「高校のときは選択科目が地理だったので、大学に入ったら歴史を勉強しようと思っていました。地理の「地史」という分野の授業で、国ごとの異なる特徴を学んでいくうちに、外国のことについて勉強する

人間社会学部がある西生田キャンパス

入学式などが行われる西生田成瀬講堂

【国際交流サークルでの活動】

日本女子大は学内サークルが少ないので、ほとんどの人がほかの大学と合同で行っているインカレサークルに入っています。私も早稲田大の国際交流サークルに所属していて、多くの留学生との交流を楽しんでいます。

留学生に日本の文化を伝える「ジャパンスタディ」や、留学生から各国の料理を教わったうえで、実際に料理を作って楽しむ「料理フェスタ」などのイベントを毎週行っています。

【苦手科目の克服方法】

私は数学が苦手で、とくに図形問題や二次関数などの問題に苦しみました。

数学の苦手を克服するために、どんな問題でもいいので毎日欠かさず1ページずつ数学の問題を解く、という宿題をやっていました。宿題は1ページやるだけでよかったのですが、頑張って2ページやっていました。周

のが楽しく感じるようになりました。国によってさまざまな特徴があるので、今後は外国の歴史を学んで、国のなりたちを比較するというような勉強をしたいです。

また、幼いころから映画を観ることが好きで、よく外国の映画を観ていたので、映画に出てくる外国の文化に影響を受けたことも大きいと思います。」

――日本女子大に入学していかがですか。

「日本女子大には附属の中高があるので、そこから進学してきた人たちとなじめるのかどうか、また、大学に入るまではずっと共学校だったので、女子大の雰囲気になじめるかどうかが不安でした。しかし、みんな結構伸びのびと過ごしているので、私もすぐに溶け込むことができました。いまでは居心地もよくて毎日楽しいです。」

――講義にはどんなものがありますか。

「1年生は必修で文化学の講義があり、自分の好きな国の講義を選び、その国について学びます。女子大なのでジェンダー論の講義も必修です。

基本的に必修の講義は少ないので、数ある選択科目のなかから、自分で科目を選んで履修することになります。選択肢が多いのはよいことのように思えますが、これからどんなことを学びたいかを決めないと、どの講義を履修していいかわからないので、履修のときは結構迷ってしまいました。

2年生からは国ごとに分かれて、さらにその国を深く掘り下げて学んでいきます。私はいま第2外国語でドイツ語を履修しているので、ドイツに関する講義をメインに履修する予定です。ドイツについて知り、2年生からの方向性を決めるためにも、夏休みにドイツへ行きます。ドイツ国内をめぐり、ポーランドにあるアウシュビッツ強制収容所などを実際に見学して、歴史を学んでこようと思っています。」

――楽しい講義はありますか

「英語の講義が楽しいです。まずは日本語字幕で外国語映画を観て、リスニング力を鍛えます。毎回少しずつ映画を進めていって、最終的に日本語字幕なしで外国語映画を観ることができるようになろう、という講義です。少人数の講義のため、よくあてられて大変ですが、先生が優しく個性的なので楽しく講義を受けています。」

――今後の夢について教えてください。

「まずは留学がしたいです。イギリスに留学していた姉が、帰国したら流暢な英語を話せるようになっていたので、自分も留学をして、英語力を磨きたいです。そして映画の舞台となった場所や、世界遺産を見学したいと思っています。

あとは世界史をもっと勉強していきたいです。世界の歴史だけでなく、ポップカルチャーなどの現代文化についても、幅広く学んでいきたいと考えています。

将来の夢はまだはっきりと決まっていませんが、映画が好きなので、映画を海外に売り込むような広告業に就きたいです。」

国際文化について学び映画を世界に

りの人よりも数を多くこなすことで、いつの間にか数学の苦手が克服できました。

また、先生によく質問もしていました。人前で質問をするのは少し恥ずかしかったので、数学の宿題を提出するノートに先生への質問を書いておきました。そうすると、放課後などの時間に先生から呼んでくださるので、そこで質問に答えてもらっていました。担任の先生が数学のご担当だったので、先生にはすごくお世話になりました。

【おすすめの勉強方法】

高校受験ですごく焦っていた時期に、不安で朝早く目覚めてしまったので、そのまま机に向かったら、頭が冴えていて、勉強がとてもはかどったんです。朝、勉強をした頭でそのまま学校にも行けるし、よい生活リズムが作れました。

この勉強スタイルは自分にとても合っていたので、高校受験のときだけでなく、大学受験のときも続けていました。

【受験生へのメッセージ】

最後まであきらめなければ、成績はきっと伸びると思うので、あきらめないで頑張ってほしいです。苦手な科目はほかの人の2倍頑張るつもりで勉強していけば、いつか克服できるはずです。

また、行きたい高校を早めに決めておけば、その高校へ行きたい気持ちが強まるものですし、勉強にもさらに身が入ると思うので、志望校を早めに決めることも大切かもしれません。

あれも日本語 これも日本語

第43回

仏教から生まれた言葉［上］

6世紀に伝来した仏教には多くの専門用語があるけど、私たちの一般社会で普通に使われている言葉も多いんだ。今回は、その一部を紹介しよう。

「阿吽《あうん》」。よく「あうんの呼吸」なんて使う。息がぴったり合っている様子をいうんだ。「阿」は吐く息、「吽」は吸う息のことなんだけど、もともとは最初と最後ということだ。お寺の仁王様も「阿像」と「吽像」があるね。

「三昧《さんまい》」。「あいつは読書三昧だ」というように、それに熱中していることをいう。仏教では精神を集中するという意味で使われている。夏休みは「勉強三昧」なんて人もいるのかな。

「刹那《せつな》」。仏教ではきわめて短い時間のことだけど、一般的にも「瞬間」という意味で使われる。将来のことを考えないで、その瞬間、瞬間を生きればいいという考えを「刹那主義」というよ。

「因縁《いんねん》」。「因縁をつける」なんて悪い意味で使うこともあるけど、本来は結果を導く過程のさまざまな要因、あるいは運命のことだ。

転じて、理由という意味でも使われ、それが「いいがかり」という悪い意味でも使われるようになったんだ。

意外かもしれないけど、「我慢」も仏教用語なんだ。もともとは自分の利己的な心のことで、驕《おご》り高ぶる心のことだった。それがいつしか、忍耐する心に変わっていったんだ。いまは「我慢」といえば、耐え忍ぶことだね。

「堪忍《かんにん》」も仏教用語だ。「我慢」と同じく、耐え忍ぶことだけど、相手に対して、許してあげるという意味もある。「今回は堪忍してやるから、二度とするな」なんてね。

「精進《しょうじん》」は、いまは一生懸命努力するという意味だけど、本来は一心に仏教の修行をすることだ。仏道では本当は肉食をしないので、肉のない料理のことを「精進料理」というんだ。

受験勉強に精進すると、いい結果が出るかも。

「世界」「世間」も仏教用語だ。意味は、いま私たちが使っているのと同じ。

こうしてみると、結構多いね。この続きは次回で。

ミステリーハンターQの

歴男歴女養成講座

ミステリーハンターQ
（略してMQ）

米テキサス州出身。某有名エジプト学者の弟子。1980年代より気鋭の考古学者として注目されつつあるが本名はだれも知らない。日本の歴史について探る画期的な著書『歴史を掘る』の発刊準備を進めている。

春日 静

中学1年生。カバンのなかにはつねに、読みかけの歴史小説が入っている根っからの歴女。あこがれは坂本龍馬。特技は年号の暗記のための語呂合わせを作ること。好きな芸能人は福山雅治。

山本 勇

中学3年生。幼稚園のころにテレビの大河ドラマを見て、歴史にはまる。将来は大河ドラマに出たいと思っている。あこがれは織田信長。最近のマイブームは仏像鑑賞。好きな芸能人はみうらじゅん。

日清戦争

大国だった清に日本が勝利した１８９４年の日清戦争。近代化した日本が初めて体験した外国との戦争だ。

勇　来年は日清戦争が始まって１２０年なんだね。

MQ　１８９４年、日本と清国が戦った戦争だね。

静　清国って、いまの中国でしょ。なんで戦争になったの？

MQ　当時の朝鮮国は清国の属国のような立場だったんだけど、政治が停滞して、国民は豊かではなかったんだ。そこで、日本や清国が干渉して、自国の影響力を伸ばそうとしたんだ。

勇　朝鮮の主導権をどちらが握るかという戦争だったの？

MQ　日本としては、すぐ隣の朝鮮が清国やロシアのような大国に支配されると、日本の安全が脅かされると考えたんだ。

静　きっかけはなんだったの？

MQ　１８９４年に朝鮮南部で東学党の乱が起こった。東学党は、カトリックの西学に対して東学と呼ばれた民間宗教を信奉する団体で、農民や兵士らが参加して起こしたのが東学党の乱だ。朝鮮政府は、弾圧しようとして清国に派兵を要求したので清国が出兵したんだけど、日本も朝鮮の主導権をとられないようにと出兵したんだ。東学党の乱は鎮圧されたけど、朝鮮に対する主権を主張する清国と戦争になったんだ。

勇　日本は明治維新からまだ27年しかたっていなかったんでしょ。

MQ　日本が近代化してから初めて外国と戦争になったわけだ。当時、清国は大国とされていたから、世界は固唾《かたず》をのんで、成り行きを見守っていた。

静　結局は日本が勝ったのね。

MQ　日本としては、征韓論や日鮮修好条規によって、朝鮮を清国から切り離したかったんだ。

勇　どんな戦争だったの？

MQ　豊島沖の海戦や黄海の海戦などで、清国の海軍は壊滅的な打撃を受け、陸でも平壌《ピョンヤン》の戦いなどで、日本軍は一方的に勝った。戦争は１年で終わったんだ。

静　戦争後、日本と清国の関係はどうなったの。

MQ　山口県の下関で講和会議が開かれ、清国は朝鮮の独立を認め、遼東半島、台湾、澎湖島を割譲、２億両の賠償金の支払いなどを約束させられた。これが下関条約だ。朝鮮は独立国として認められたけど、日本の強い影響を受けるようになり、１９１０年、日本に併合されてしまう。清国も日清戦争での敗北もあって、国力が弱り、１９１１年の辛亥革命で滅亡してしまった。

教えてマナビー先生！

世界の先端技術

プロフィール
日本の某大学院を卒業後海外で研究者として働いていたが、和食が恋しくなり帰国。しかし科学に関する本を読んでいると食事をすることすら忘れてしまうという、自他ともに認める“科学オタク”。

ロボット宇宙飛行士

孤独な人間の話し相手として期待

ロボット宇宙飛行士「KIROBO（キロボ）」を持つ開発者の高橋智隆・東京大学先端研特任准教授㊧。右は地上でバックアップ役を務める同型機の「MIRATA（ミラタ）」＝6月26日・時事

今回紹介するのは「ＫＩＲＯＢＯ（キロボ）」と「ＭＩＲＡＴＡ（ミラタ）」という２体のロボットだ。どちらも身長34㎝と小さなロボットなんだけど、いま大きな注目を集めている。

キロボは宇宙ステーション（ISS）での活躍が期待されているんだけど、重い物を持ちあげたりするようなロボットではなく、じつは宇宙飛行士と会話をすることを目的に作られたロボットなんだ。

この８月、日本の宇宙ステーション補給機「コウノトリ」（HTV）に載せてISSに運ばれ、日本人宇宙飛行士、若田光一さんといっしょに過ごす予定だ。

なぜこんなロボットが必要なのだろうか。いま１人暮らしの人が増えている。お年寄りだけでなく、若い人にも多くなっている。１人だとどうしても会話の少ない生活になりがちだ。このプロジェクトの大きな目的は、ロボットに会話の手伝いをさせたいということだ。人が話すことを理解し、あいづちや顔の表情、身ぶり手ぶりなどで自然な会話の相手を務められれば、ロボットと人間がともに暮らす未来が見えてくる。そのために必要な技術の開発を目的にしているわけだね。

キロボは人の声を認識する音声認識、話の内容を理解する自然言語処理、キロボの声を出すための音声合成処理、データを地上とやり取りする通信処理、握手や顔の表情を行うコミュニケーション動作、話し相手を見つける顔認識カメラなど多くの機能が盛り込まれている。また、宇宙空間での動作やISSの環境に配慮した過酷なテストにも合格した初めてのロボット宇宙飛行士なんだ。

８月に打ちあげられ、11月以降若田さんと暮らし始めるのだけれど、どんな会話が行われるのだろうか。顔認識カメラで若田さんのストレスの状態も調べられるという。

キロボに「どうしてロボット宇宙飛行士になったの？」と聞いてみると「宇宙が好きだったから」、そして「ぼくにとっては小さな一歩。だけど、ロボットにとっては大きな一歩」とアポロ11号のアームストロング船長の言葉を思い出させる受け答えだったよ。

あたまをよくする健康

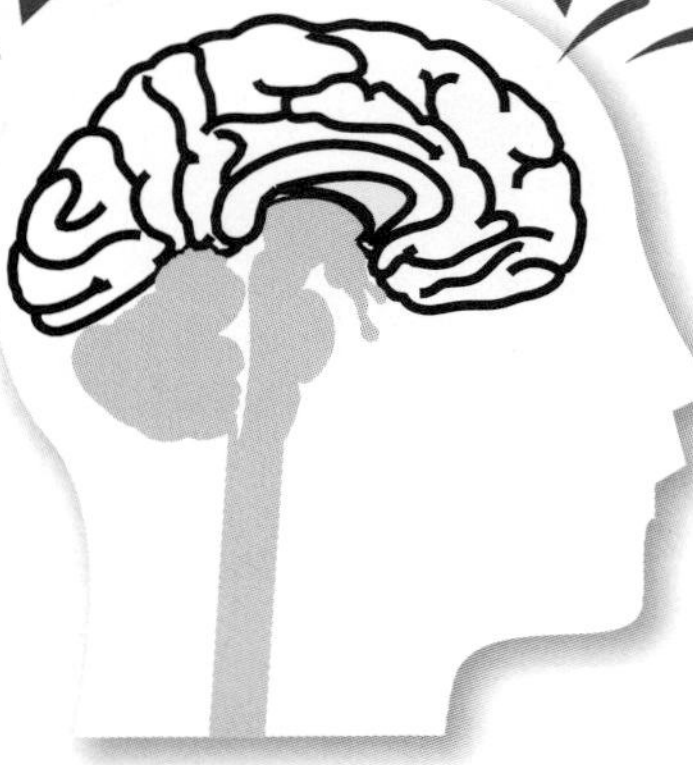

ナースであり
ママであり
いつも元気な
FUMIYOが
みなさんを
元気にします！

by FUMIYO

今月のテーマ

夏バテ

ハロー！　FUMIYOです。毎日暑い日が続きますね。

「今日はなんだか疲れているなあ。食欲もあまりないけど、冷たいものだったら食べてもいいかなあ。夕飯はそうめんにしよう！」なんていうとき…これは夏バテかも。まだまだ暑い日は続くし、夏バテ予防にうなぎや焼き肉を食べよう！　と気持ちを盛りあげてみましょう。

日本の夏は、湿度が高く蒸し暑いため、とくに体調を崩しやすいと言われています。この蒸し暑い夏に負けないように、私たちの身体は、必要以上にエネルギーを使い、体温を一定に保とうとして頑張っています。

しかし、暑い日が毎日続くと、暑さに身体が対応できなくなり、体内の熱を発散できなくなって、熱が出たり、胃腸の働きが弱ってしまい、夏バテの状態になってしまいます。

夏バテの原因としては、次の3つが考えられます。

①自律神経の不調

人は、外気温に合わせて自律神経が熱を作ったり、放出したりと指令を出して、体温調節を行っています。暑い外からクーラーの効いている部屋に入ると、涼しい部屋の温度に合わせようと、急いで体温を調整します。これを繰り返すことで、自律神経の不調が起こり、ひどくなると、めまいや、頭痛、食欲不振を引き起こします。

②水分不足

蒸し暑い日本の夏では、運動をした際、2～3リットルの汗をかくと言われています。喉が乾いたと感じて水分を取ったときには、すでに身体はカラカラの状態に…。失ったぶん、しっかり水分補給をしておかないと、頭痛やむくみ、ひどくなると下痢や嘔吐の症状を引き起こすこともあります。

③胃腸の働きの低下

体温が高くなってしまうと、胃腸への血流が少なくなります。また、汗をかき、体内の塩分が少なくなると、胃酸も減ってしまいます。その状態で、暑いからといって冷たいものばかり取り過ぎると、胃を壊したり、下痢をしてしまったり、自律神経の不調による、さらなる胃腸の働きの低下を起こしてしまいます。

では、夏バテを乗りきるためにはどんなことに気をつけたらよいでしょうか？

・ビタミン・ミネラルの含まれている、バランスのよい食事を取りましょう。

・軽い運動や入浴タイムを利用して、汗をかきましょう。

・こまめに水分を取りましょう。冷たい飲みものの取り過ぎは、身体を冷やしてしまうので気をつけましょう。

・クーラーの除湿機能を上手に利用して、冷やし過ぎを予防しましょう。

残りの夏休み、夏バテで寝込んでいてはもったいない！　みなさん、夏バテ対策をして、充実した毎日を過ごしましょう！！

Q1 一般的に、女性は男性に比べて寒さを感じやすいと言われています。その理由は、どれでしょう。

①身長の違い　②筋肉量の違い　③髪の長さの違い

正解は、②の筋肉量の違いです。

女性は男性より筋肉量が1割程度少なく、熱を作る量が少ないと言われています。また男性に比べて、女性の服装は薄着のことが多いので、身体が冷えやすくなります。

Q2 体感温度を下げる効果があると言われているハーブは、どれでしょう。

①レモン　②ティーツリー　③ミント

正解は、③のミントです。

体感温度を4度も下げる効果があると言われています。ミントに含まれているメントールが涼しくしてくれるそうです。

Success News

ニュースを入手しろ!!

サクニュー!!

産経新聞編集委員
大野 敏明

▶PHOTO　シャープが北米で売り出す「AQUOS（アクオス）」シリーズの４Kテレビ(アメリカ・ラスベガス)
時事　撮影日:2013-01-07

今月のキーワード
4Kテレビ

最近、「4Kテレビ」という言葉をよく聞くと思います。

「4Kテレビ」とは次の世代のテレビのことで、簡単にいうと、現在のフルハイビジョンテレビの4倍の解像度を持つテレビということです。

まず、解像度から説明しましょう。

テレビにしろ、パソコンにしろ、携帯電話の画面にしろ、画面を構成する画素が多いほどきれいに見えるのはわかりますね。

厳密にいうと、画素の密度が高いと、よりきれいに見えるわけです。

画素とは、画面の色や光の濃淡を決定する最小単位のことです。いわば色を持つ光の粒です。画素の1つひとつが光と色を持ち、その組み合わせによって、画面にさまざまなものを映し出すことができるのです。

そのきめの細かさが解像度です。解像度が高いほど、はっきりと細かいところまでみることができ、画面もきれいに映ります。

みなさんがいま見ているテレビは、ほとんどがフルハイビジョンのテレビだと思います。

フルハイビジョンテレビは、画面の縦に1080、横に1920の画素があります。合計で207万3600になります。この画素によって、画面を映し出しているわけです。

それに対して「4Kテレビ」は縦が2160、横が3840の画素で構成されています。合計で829万4400画素になります。横の画素が約4000なので、4000を意味する「4Kテレビ」というわけです。

画素の総数も、「4Kテレビ」はフルハイビジョンテレビの4倍となり、そのぶん、より高い解像度を実現することになります。

解像度があがると、目に優しくなるといわれます。フルハイビジョンの場合、画面の縦の長さの3倍離れないと、画面がはっきりとは見えず、目にも悪いとされていますが、「4Kテレビ」は縦の長さの2倍離れれば、十分にはっきり見えるので、目にも優しいというわけです。

テレビ放送などを所管している総務省は、来年7月から4Kテレビの放送を開始したいとしていますが、放送の方式はまだ正式には決まっていません。

どのような方式になるかにもよりますが、「4Kテレビ」を見るために、新たな受像器を買う必要はありません。

当面は、専用の受信機を接続することで、受信できることになりそうです。

現在の４倍の解像度のテレビ、楽しみですね。

今月の1冊

サクセス書評

9月号

どれから読む？ほかの作品も読みたくなる短編集

『十代のための新名作　きみが見つける物語　スクール編』

〝十代のための新名作〟を掲げて集められた小説のアンソロジー集『きみが見つける物語』。今回紹介するのは、そのうちの「スクール編」だ。

登場する作家は、あさのあつこ、恩田陸、村上春樹など、人気の作家が中心。

それぞれの小説の初めには、作家のプロフィールとともに、あらすじと、その小説が収録されている作品、そして、それに関連する作品などが紹介されているので、読んでみて興味を持った場合は、続編や同じ作家の作品を探しやすい構成になっている。

『タンポポのわたげみたいだね』（豊島ミホ）、『このグラウンドで』（あさのあつこ）は高校生、『空飛ぶ馬』（北村薫）は大学生、『心霊写真』（はやみねかおる）、『大きな引き出し』（恩田陸）は小学生、『三月の兎』（加納朋子）は女子校の先生、そして『沈黙』（村上春樹）は高校生時代の自分を回想する人物と、それぞれ学生、もしくはそれに関連する人々が主人公として登場する。

内容は『空飛ぶ馬』、『心霊写真』、『三月の兎』などミステリー仕立てのものが多いが、作風はさまざま。

また、『タンポポの～』は友だちに対する自分と周りの人との評価の違い、自分のずるさに悩み、戸惑う女子高生が、『このグラウンドで』は廃校が決まっている高校の野球部員の葛藤が、『沈黙』では自分と決して相容れない同級生からの執拗《しつよう》な嫌がらせにどう向かい合うべきなのか、といった、思春期ならではの心の揺れを描いた作品が多いのも特徴だ。

各作品は、すぐに読めてしまう長さのものばかりで、もちろんつながりもないので、目次やあらすじを見て、読みたいものから読んでみよう。

この本に集められている小説集を読むだけではなく、そこから新しい作家を知ったり、知っている作家のほかの作品を読んでみるきっかけにもなる、1度で何度もおいしい1冊だ。

このシリーズは、ほかにも『友情編』、『恋愛編』、『切ない話編』など、合わせて9冊発売されている。

◆『十代のための新名作　きみが見つける物語　スクール編』

編／角川文庫編集部
刊行／角川文庫
価格／476円＋税

三者三様、数学者の人生

博士の愛した数式

2006年/日本/アスミック・エース/
監督:小泉堯史/

「博士の愛した数式」
4,935円(税込)
発売元:アスミック
販売元:角川書店

容疑者Xの献身

2008年/日本/東宝/監督:西谷弘/

「容疑者Xの献身」Blu-ray発売中
7,035円(税抜価格6,700円)2枚組
発売元:アミューズソフトエンタテインメント
販売元:ポニーキャニオン

ビューティフル・マインド

2001年/アメリカ/ユニヴァーサル映画・ドリームワークス/監督:ロン・ハワード/

「ビューティフル・マインド」DVD発売中
1,500円(税込)　発売元:パラマウント ジャパン

数字に「個性」、数式に「愛」

数学者であった博士（＝寺尾聰）は、ある事故がきっかけで記憶が80分しかもたなくなってしまいます。そんな博士のもとに派遣された家政婦は、だれも長続きしません。博士は昨日の記憶さえ留めておくことのできないため、毎日同じやり取りをしなければならないからです。そんななか、10人目に派遣された家政婦（＝深津絵里）は、博士の温かい人柄に親しみを抱きます。博士も彼女に10歳になる一人息子がいると知り、彼をルート（√）と呼んで可愛がります。

博士は家政婦とルートに、数字に個性があることを伝えます。例えば家政婦の足のサイズ「24㎝」。博士は24という数字を「４の階乗数で、じつに潔い数字だ」と言います。また、家政婦の誕生日である２月20日の「220」と、博士の腕時計の裏に記載された番号「284」は友愛数の関係だと言います。階乗数とは、友愛数とはなにか。そして、博士の愛する数式、〈ｅ＾πｉ＋１＝０〉の意味は？

いくつも登場する数学用語は、わかりやすく説明がなされます。数学好きはもちろん、苦手な人も必見の映画です。

真相のヒントは「完璧さ」

人気テレビドラマ、「ガリレオ」シリーズの映画版であり、原作は東野圭吾の直木賞作品。別れた夫を殺害してしまった母と子の犯罪を、隣に住む天才数学教師・石神（＝堤真一）が驚くべき方法で隠ぺいします。事件の発端から、犯行の成り行き、そして、なぜ数学教師が隣の母と子をかばったのかなど、犯行に関するすべての事実を見せたうえで、数学教師がどのように犯行を隠したのかをひも解いていくサスペンスムービーです。

警察が暴き出せなかったトリックを見破ったのは、数学教師の大学時代の同級生であった物理学者の「ガリレオ」こと湯川（＝福山雅治）でした。日本トップの帝都大学でも「天才」の異名をとっていた石神の数学者らしい論理的で完璧な思考が、逆に真相を導くヒントになったのです。驚愕の真実は、クライマックスで明らかになります。ストーリーの精巧さもさることながら、湯川と石神との間で交わされるスリリングな駆け引きや、刑事たちとのコミカルな会話など、さまざまなエッセンスを楽しめる作品となっています。

天才の人生を狂わせた正体は？

本作は1994年にノーベル経済学賞を受賞した天才数学者、ジョン・ナッシュの実話です。ナッシュはノーベル賞を受賞した「ゲーム理論」のみならず、「リーマン多様体」の研究など、数々の輝かしい功績を残した天才数学者ですが、彼の歩んできた道のりは順風満帆ではありませんでした。プリンストン大学時代、天才ゆえに、当時のアメリカの機密機関から「敵国の暗号を解読せよ」という指令を受けます。引き返すことのできない道を選んでしまったナッシュは重責に追われ、人生の歯車を狂わせていきます。昼夜を問わず命を狙われるようになり、日々恐怖に怯えるナッシュ。そして、ハーバード大学での講演後、ついにナッシュは何者かに取り押さえられてしまうのでした。彼はどうなってしまうのでしょうか。ナッシュはいかにしてノーベル賞を受賞するにいたったのでしょうか。

本作はアカデミー賞で作品賞を含む４部門、ゴールデングローブ賞でも４部門を受賞し、高い評価を受けました。奇才の数学者は現在85歳。いまなお、プリンストン大学で研究を続けています。

高校受験 ここが知りたいQ&A

Q 部活を引退したあと なんだか勉強に集中できなくなりました。

部活も引退し、「さぁこれから受験勉強だ」というのに、部活をやっていたはずの時間での勉強があまり集中できなくなりました。やる気を出すいい方法はありませんか？

（渋谷区・中3・Y.K）

A 少しずつ小さな目標を立てて 実践していきましょう。

部活動を一生懸命頑張っていた人ほど、引退したあとは、ぽっかり穴が空いてしまったような気がしてしまい、なかなか集中できないものです。

そんなときは、小さな目標を立てて、それを少しずつでもいいのでこなしていきましょう。例えば、「二次方程式の計算問題を10題」とか、「英単語を20個覚える」という具合です。決して「問題集を30ページする」などといった大きすぎる目標を立てるのはやめましょう。

いましておくべきことを最小単位に区切って、少しずつでもいいので勉強していくのです。

最もダメなのは勉強しないことです。勉強を始める前に、テレビやゲームなど違うことに手を出してしまうと、余計に勉強をしようという気が起きてきません。

ですから、気分が乗らなくてもとりあえず机に向かい、勉強を始めることが重要です。人は不思議なもので、やり始めるとやる気が出ます。

そして大切なのは小さな達成感を味わうことです。この達成感が次のやる気を生み出していきます。調子が出てきたら、次の小さな課題に取り組んでいきましょう。こうした小さな積み重ねが、大きな成果につながっていくのです。

教えてほしい質問があれば、ぜひ編集部までお送りください。連絡先は88ページをご覧ください。

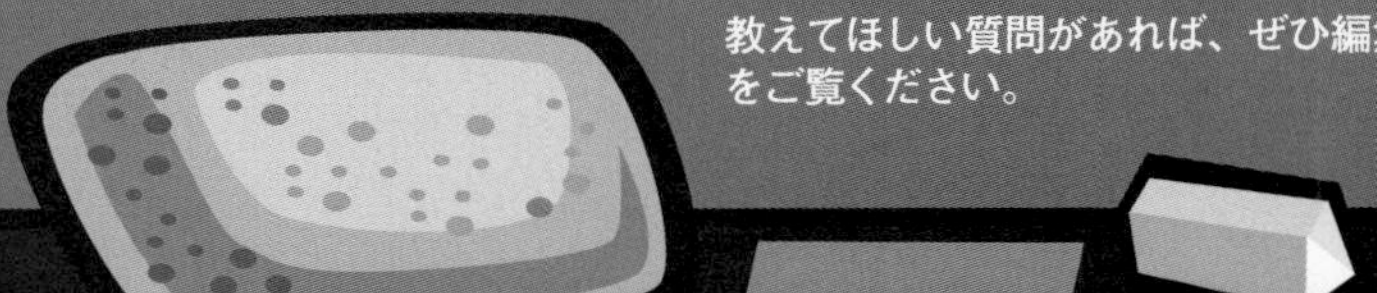

生徒

なんとなく得した気分になる話

先生

身の回りにある、知っていると
勉強の役に立つかもしれない知識をお届け!!

否定語を否定するのは難しい？

最近、雨がよく降るなぁ。今日は傘が必要なのかなあ？

傘ねえ。よく忘れるんだよね。値段の高い傘ほどよく忘れる。

じゃあ、ビニール傘だと忘れないわけね。

そうそう。ほんと、家にビニール傘ばかり溜まるんだよなあ（苦笑）。

折りたたみ傘にすれば、もったいなくないんじゃない？

確かにね。いつも折りたたみ傘を持ち歩けばいいんだけど、折りたたみ傘は使ったあとに干してから畳むのが面倒なんだよなー。

そんなに面倒くさがり屋なら、雨合羽の方が、もっと、もったいなくないんじゃない？

そうかもしれんなあ。ところで、さっきから気になるんだが、君は何度も「もったいなくない」と言うよなぁ。それって、どういう意味？

「もったいなくない」は「もったいなくない」だよ。

もったいとは、勿体と書くらしいんだが、もともとは物体と書いていたらしい。つまり、もののあるべき姿から転じてものの本質的な部分、さらに転じてものの重々しさになって、現在の大きく見せるとか、かっこよく見せるという感じになった。それを「ない」という否定語を用いて「もったいない」が出てくる。つまり「もったいない」とは、あるべきものがないとなり、これが転じて、「惜しい」という意味になったらしい。だから、「もったいなくない」とは、「もったいない」の否定文だから、勿体になるわけだよね。
　つまり大きく見せることになるよね。ということは、ビニール傘を買っていく生活は、自分の生活を大きく見せている！　ということになるよね。
　でも実際、セレブな方々がビニール傘を使っている光景を見たことがない。だから、「もったいなくない」はどうも意味がわからない。

また始まりましたよ！　屁理屈をもっともらしく話す先生の時間でございます！

なにを言うんだ！　間違った言葉遣いをしているようだから訂正をしてるだけじゃないか。

じゃあ、「もったいなくない」の使い方が正しいかどうか、塾の先生に聞いてくるから、今日はこの屁理屈やめない？

塾の先生かあ…きっと、ぼくより頭がいいに違いない。じゃあ、任せよう。でもな、１つ聞いてもいいかなあ？

いいけど…まさか数学の問題じゃないよね？

う～ん、国語かなあ？　まあ、とりあえず、聞いてくれ。「ＡさんもＢさんも男である」を否定文にしてくれないかなあ？

そんなの簡単だよ。「ＡさんもＢさんも女である」。

ざんねーん！　不正解！

ちょっと待った！「ＡさんもＢさんも男ではない」。

またもや、ざんねーん！　ダブル不正解！

じゃあ、どう言えばいいの？

ＡさんもＢさんも男であるとは、２人とも男ってことだ。否定文は、その２人とも男であること以外だから、（Ａ、Ｂ）は、（男、女）（女、男）（女、女）の３通りがある。つまり、正解は「ＡさんまたはＢさんが女である」なんだよ。

なんかまたダマされた気分だよ。どうでもいいことを…。

これがどうでもよくない！　言葉は、人と人とがコミュニケーションをとるのに大事なんだぞ。言葉のミスは、お互いの誤解を招くだろ。否定文は意外にも難しいので気をつけるんだぞ。

わかったよ。でも納得いかないなあ…。もったいなくないって使うと思うなあ…。

それは、塾の先生に任せたろ。塾の先生なら、わからないわけはないだろうし…。

先生もいま使ったよ！　わからないわけはない。ほら、ないが２回続いてる。どういう意味？

う～ん。アッ！　それはな、赤ちゃんに言う「いないいないばあ」と同じ、「いない」「いない」だ。つまり、そこには人がいるじゃないか！

ということは、わからないわけはないとは、わかるということかあ。じつは赤ちゃんは、それを理解している？　すげ～！（笑）

そんな赤ちゃんいるわけないだろ。赤ちゃんみたいな君はいるけどな。

高校生に聞いた志願したい大学ランキング

関東在住の高校生5591人に聞いた「志望したい大学」ランキングを男女別、そして文系志望・理系志望別でご紹介。みんなが行きたい大学は入ってるかな。

男子

順位	大学名	区分	志願度（%）
1	明治大	私立	14.7
2	早稲田大	私立	11.9
3	日本大	私立	10.2
4	法政大	私立	8.2
5	青山学院大	私立	8.0
6	中央大	私立	6.6
7	慶應義塾大	私立	6.4
7	立教大	私立	6.4
9	千葉大	国立	5.6
10	東京理科大	私立	4.7
10	東洋大	私立	4.7

女子

順位	大学名	区分	志願度（%）
1	明治大	私立	10.2
2	立教大	私立	10.1
3	早稲田大	私立	9.6
4	青山学院大	私立	9.3
5	日本大	私立	6.5
6	法政大	私立	6.2
7	東洋大	私立	5.8
8	慶應義塾大	私立	5.7
9	上智大	私立	5.5
10	千葉大	国立	3.7

文系志望

順位	大学名	区分	志願度（%）
1	明治大	私立	14.8
2	早稲田大	私立	14.1
3	立教大	私立	12.9
4	青山学院大	私立	12.6
5	法政大	私立	9.9
6	日本大	私立	8.4
7	東洋大	私立	7.3
8	上智大	私立	6.4
9	慶應義塾大	私立	6.0
10	中央大	私立	5.1

理系志望

順位	大学名	区分	志願度（%）
1	明治大	私立	10.6
2	日本大	私立	8.7
3	東京理科大	私立	8.3
4	千葉大	国立	8.2
5	早稲田大	私立	7.2
6	慶應義塾大	私立	7.1
7	東京工業大	国立	5.9
8	北里大	私立	5.4
9	筑波大	国立	5.2
10	芝浦工業大	私立	5.0

「進学ブランド力調査2013」リクルート進学総研調べ

受験情報

Educational Column

15歳の考現学

変わりつつある高校入試
その主体は公立高校へと変化していき
私立高校入試は「学びの質」を問う
入試に

私立 INSIDE

私立高校受験

埼玉県私立高校の入試システムでは
保護者も「個別相談」に出かけます

公立 CLOSE UP

公立高校受験

《国公立大+早慶上理大》へ
合格率の高い学校は?

BASIC LECTURE

高校入試の基礎知識

学校説明会では
なにを見てくれればよいか

東京都立

都立高校・推薦枠上限20%校増える

東京都教育委員会は、来年度(2014年度)の都立高校推薦入試実施方針を発表した。

大きな変更点は推薦枠の上限変更で、普通科単位制と中高一貫併設型の学校について、これまで30%だった上限を20%へと下げることとした。ただし、対象校のなかで新宿はすでに10%、墨田川、富士、大泉、白鷗も20%に絞って実施しているため大きな影響は出てこない見込み。

2013年度から実施している「集団討論」、「小論文または作文」を原則全校で実施することや、入試前に評価の観点を、入試後に各検査の得点分布を、各校HP上で公表することなどはそのまま。

東京私立

一般入試の実質倍率1.4倍を下回る

都生活文化局は都内全日制私立高校の2013年度入学状況概要を発表した。

都内私立高校入学者総数は、内進生を含め5万8573人で、前年に比べ576人の減少。内進生が前年の2万4907人から2万4051人へ、856人も減ったためで、高校からの入学者(高入生)は、前年より300人以上の増。

一般入試（一次）では、前年→今春の合格者数は5万2089人→5万7643人、辞退者は3万4412人→3万9374人と、それぞれ約5000人の増。一般入試（一次）の平均実質倍率は、前年の1.45倍から1.38倍へ大きく下げた。一般の平均実質倍率が1.4倍を下回ったのは過去15年で初。

Educational Column

森上《もりがみ》　展安《のぶやす》

森上教育研究所所長。1953年、岡山県生まれ。早稲田大学卒業。進学塾経営などを経て、1987年に「森上教育研究所」を設立。「受験」をキーワードに幅広く教育問題をあつかう。近著に『教育時論』（英潮社）や『入りやすくてお得な学校』『中学受験図鑑』（ともにダイヤモンド社）などがある。

15歳の考現学

変わりつつある高校入試　その主体は公立高校へと変化していき　私立高校入試は「学びの質」を問う入試に

私立の募集状況好転の一方で　私立問題集売り上げ激減の怪

高校入試の「風景」がかなり変化しています。端的に言えばそれは、私立校の高校入試からの撤退、といえるでしょうか。

私立の女子高校の募集はこれまでも多くはありませんでしたが、男子高校では「高校からの入り口」がそれなりに存在する学校が少なくありませんでした。

「でした」と過去形で言うのもおかしな言い方ですが、去年の海城の高校入試からの撤退はたかが1校とはいえ、やはり大きなインパクトがありました。都心にあって高評価の男子高校が募集をしなくなるということは、よい教育を受けるチャンスがそれだけ減る、ということです。

一方で、あまり変化がないのは附属高校です。早慶を始めとした有名附属高校は、中大附属や早大高等学院などいくつかの併設中学がなかった学校で中学新設の動きが続きましたが、これも一段落しました。従って、そうした一部の学校で高校募集定員が削減され、中学募集定員に振り替えられたのですが、そのあとに大きな削減はあまり聞きません。

そして、高校入試の結果を集計すると、私立高校でこの数年、中位校の応募状況が好転している一方で、今夏、書店の棚から某社の私立高校入試問題集の姿が見えなくなってしまいました。聞くところによれば私立高校の入試問題の売上げが昨年から目に見えて落ち込んだことが理由のようでした。

一方に私立高校の募集好転、他方に私立高校問題集の不振があるという、一見すると二律背反の事情はどう考えればよいでしょうか。

まず前者の現象自体は、公立高校がこのところ1回だけの入試制度に切り換えつつあったことが大きいといえます。埼玉、神奈川で公立高校入試が1期だけになったため、併願先の私立高校に公立不合格者が多く流れたことが原因でしょう。

一方で、私立高校入試問題集が出版されなくなったことは、公立高校第1志望者が増え、私立高校第1志望者が減った、ということに原因があるのでしょう。

つまり高校入試の主流が私立高校でなく公立高校になり、私立高校は公立高校のあくまでストッパーという流れになりつつあるのです。恐らくこのまま進めば来年というより来々年の高校入試は様変わりになるのではないでしょうか。

そもそも、首都圏私立の多くの進学校では高校からだけの受け入れ校は少なくなっていて、それはなぜかといえばまずは少子化でマーケットが大幅に減少したことによります。

その代わり1人を大事に育てたいがためよりよい教育環境におきたい、という志向が強まります。これが私立の一貫教育が望まれる背景にあり、中高一貫校が近年増大した由縁です。

しかし、欧米先進国と比べわが国では学校間の移動は制約が大きく、学校不適応の場合に、他校に移動することが難しい。一貫校進学の際ににはそこが悩みなのですが、しかも、これを回避するために一度体験してみる、ということがとても難題です。

そこで中学で不適応ならば、高校でもう一度受験をする。

ただ私立中から公立高校受験となると従来は内申点が公立中在籍者に比べて低く出がちな点や、そもそも高校から外に出るには、多くの場合、一度公立中学に転学することも必要です。あれこれ考えると高校で学校を変えることはちょっとした決断がいります。

また、私立中学に進めば費用もかさみます。そもそも受験するための費用として数えれば2～3年の教育投資が必要です。

一方で公立高校は、いずれも多くのトップ高校は高校3カ年をともにする仲間で、中学からの内進生はいません。ヨーイドンでスタートが切れるよさがあります。

ただ公立高校の多くが1学年４００名規模であり、中高一貫校のような1学年２００名という小さな学校は多くありません。

これを私立1校の募集で考えるといまの少子化ではかなり無理があります。東京では募集１００名という私立高校がありますが、これがせいぜい大きい方です。しかし千葉、埼玉の私立高校はそこまで小さな募集はかえって学校経営上無理が生じますから、ほぼ４００名くらいの募集枠となります。

つまり、同じ私立高校の募集といってもその多くを高入生でまかなう千葉、埼玉あるいは一部の神奈川の学校と、あくまで中学の欠員募集のスタンスである東京とでは高校の内実が異なることがわかります。

公立中学→公立高校進学がこれまで以上に強まっている背景には、なんといっても家計負担が私立中高一貫校では重く、それが理由で敬遠されている事情があります。したがって公立高校が入学順位で優先されていく事情は、今後しばらく変わらないのではないでしょうか。

そうなると、もともとの中学生の集団に高校から入学する生徒集団が加わる形は同じものの、高校募集が欠員募集ないし少人数のケースでは、１００名規模募集をこのまま維持していくのは難しいでしょうね。

大学が向かう質を問う入試に高校も追随する構図が見える

じつは、これはいま、大学がかかえている入試事情と同じです。定員を少なくすることによって少子化時代の質を維持する一方、海外からの留学生などを受け入れよう、としているのがいまの大学です。

ただ、従来の入試方法だけでは本当に質のよい学生をとれていないのではないか、というので論文や面接などのより手間のかかる選択を行うことが、これからの大学では多くなるようです。

早稲田大などは定員を将来は2割減らして、一方で面接重視、高校での学業達成評価などで異質な学生を選抜する方向で入試の改革を考えているようです。

高校入試においても、大学入試でそのような変化があるならば、同様に手間をかけた選抜試験をする可能性もあります。

ただ、その前に質を確保するため、定員枠を絞るかもしれません。

ともあれ、生徒の学力という質を重視するとすれば単に一定の点数をテストでクリアすればよいということではなく、未知の問題について、自ら調べ考えて、解答を出していく、というトライ&エラーの粘り強い思考力や、これを第三者に説明する能力が問われることになります。

つまり机上のテストから、具体的なケーススタディとか応用とかの課題解決に学習方法が移っていくのです。このトレーニングはやはり授業そのものによって養成するほかないものです。それは、生徒間や生徒と先生のコラボレーションによって生じるおもしろさといいかえてもよいでしょう。

その授業のよさがなくて、ただ問題解決方法を覚えるしかない、というのでは困ります。少々遠回りになりましたが、高校入試が公立高校中心になる一方で私立高校入試は質を問うものになっていく方向である、ということを理解してもらえたら、というのが本稿の主眼点です。

私立 *Inside*

埼玉私立高校の入試システムでは保護者も「個別相談」に出かけます

高校の入試システムは各都県ともにわかりにくい印象がありますが、埼玉の私立高校の入試システムは、他の都県とも大きな違いがあり、保護者の出番も多くなります。とくに私立高校と中学校の「事前相談」が行われないため、保護者の動きがかなり重要になっています。保護者も入試システムを勉強し、受験生とともに受験に向かう必要があります。

前期後期はなくなったが 1月入試重視は変わらず

埼玉の公立高校入試は、２０１０年度入試から大幅な制度変更を行いました。とくに入試日程はそれまでより約2週間遅らせての実施となりました。

埼玉県の私立高校はこれに影響されることなく、これまで通りに（1月22日以降）入試を開始しています。早めに入学者を確保したいのが私立高校です。公立に合わせて入試日程を遅らせるようなことはしなかったわけです。

ただ、私立高校入試にも変更はありました。２０１０年度からは入試開始日だけ規定され、前期・後期の区分がなくなったのです。

しかし、これまでも前期・後期に関係なく、各高校は1月から推薦入試（単願・併願）、一般入試の試験日を自由に決めていましたから、変更されたといっても入試の実情はまったく変わりませんでした。

私立高校のほとんどは1月22日〜25日までに併願推薦を実施しており、1月入試が受験の柱という状況はそのままなのです。

私立高校側にとって1月の併願推薦は受験生を集めやすく、1月併願推薦を実施していないのは、難関校の慶應志木、早大本庄、立教新座ほか数校のみです。

受験生側からみると、この前期入試で合格校を確保しておき、余裕を持って公立高校の受検に臨むというスタイルです。

そのため、この前期入試の受験には、ほとんどの高校で、「中学校の学校長推薦（単願が多い）」もしくは「自己推薦（単願・併願）」を必要とします。

「自己推薦」とは、「本人（あるいは家族）」が受験生自身を推薦するものです。学校ごとに推薦基準がありますので、個別相談（後述）に出向いて確認しましょう。

学校長推薦でも自己推薦どちらでも、合否に影響はありません。各学校の推薦基準に達しているかどうかがすべてになります。

出願の際に、学校長推薦が必要としている高校は、その書類が必要ですから、早めに担任の先生にお願いしておきましょう。

事前相談がなくなって 保護者・受験生が相談

私立高校の推薦入試を受けるため、中学校の学校長から推薦をもらえるかどうかの基準は、中学校が把握する調査書の成績（通知表など）になります。それに対して自己推薦の基準は「調査書」もしくは「模擬試験の成績」です。

首都圏の他の都県では、私立高校の先生と中学校の先生による事前相談が行われていますが、埼玉では「事前相談」が廃止されています。

その代わりとして、いま埼玉県の多くの私立高校では、「事前相談」を直接保護者・受験生と相談する、「個別相談」という制度を採用しています。

この個別相談は、埼玉の私立高校では、慶應志木や早大本庄などの数校を除く、ほぼすべての高校で実施されており、この個別相談を受けておかないと、受験しても不利になります。

ですから、受ける私立高校は、すべて「個別相談」を済ませておかなければなりません。受験生を持つお母さんは、2学期の週末はかなり多忙となります。

10月ごろから始まる学校説明会やホームページで、それぞれの高校の推薦基準や「個別相談」への参加方法（予約制の学校もある）の具体的な説明があります。

ほとんどの学校で「個別相談」は、11月から実施され、受験生・保護者対象の進学相談会や学校説明会のあとに実施されます。

この「個別相談」には通知表の成績や、各自が塾などで受ける模擬試験である「北辰テスト」や「UPテスト」の結果（偏差値）、英検や漢検、部活動での成績（新聞のコピー）など、受験生の学力や成績を証明できるものをすべて持っていきます（このなかで埼玉県の私立高校側が最も重要視しているのは、その生徒の「模擬試験の偏差値」です）。

それらを見た高校側は、公表している推薦基準と照らし合わせて判定し「合格可能性」を伝えてくれるのです。

しかし、かつて中学校の先生に伝えていたような「確約」を出すことはしなくなっています。

「どうぞ受けてください」とか「自信を持って受けてください」などという言い方です。

これとは逆に、「ちょっと厳しいと思います」とか「本番次第です」といった表現の場合は合格可能性が低いことを示します。

このようなあいまいな回答は、じつは「ダメですよ」「合格は出せません」と言っているのです。「ダメとは言われていない…」などと勘違いして受験し失敗することのないようにしましょう。

◇

〈訂正とおわび〉

前号8月号76ページのこのコーナー、「神奈川県私立高校入試概況」の記事のなかで、【法政女子】の解説記事に、同校が『来春「保育・福祉コース」を新設する予定です』とありますが、これは誤りでした。

法政大学女子高等学校が「保育・福祉コース」を新設する予定はありません。おわびして訂正いたします。（編集部）

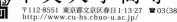

《国公立大＋早慶上理大》への合格率が高い学校は？

安田教育研究所　副代表　平松享

首都圏の高校から、今春の《国公立大＋早慶上理大》の合格率と、5年前の合格率と比べて伸びが大きく、今後も「大学合格力」を高める可能性のある学校をピックアップしてみました（データは㈱大学通信が調べた資料から安田教育研究所が集計）。順位等を含み数値は暫定的なものです

首都圏全体で9000件近い増加

はじめに、《国公立大＋早慶上理大》への合格件数を、2008年と今春で比べてみたいと思います。

東京を含めた首都圏全体について、地域別、国公私立別の5年間の推移をまとめた、**【表1】**をご覧ください。

今春、首都圏（埼玉、千葉、東京、神奈川）の高校から、全国の国公立大学への合格件数は1万6761件ありました。2008年の1万3312件より約3500件も増えて、5年前の126％に伸びています。

これに早慶上理大（早稲田大、慶應義塾大、上智大、東京理科大）の増加数、約5500件を加えると、《国公立大＋早慶上理大》の5年間の増加件数は、約9000件と、激増しています。

これを地域別、設置者別にみると、どの地域でも、今春の合格件数が、5年前の件数を上回っていることがわかります。

経済の混迷や、震災など、地方の高校生が、首都圏の大学を受験しにくくなったこと、逆に、首都圏の高校の生徒の関心が、地方の国立大学にも向けられるようになったことなど、原因はさまざまですが、首都圏では、この5年間に「大学合格力」を高める高校が、公私を問わず、次々と現われてきたことは確かです。

東京では私立が、約3500件増と、私立校の伸びがめだちますが、公立校の伸びも大きくなっています。とくに神奈川では、公立校の増加数が1163件と、私立校の1107件増を上回りました。

一方、埼玉、千葉では公立の伸びは、私立と比べ、小さくなっており、どちらも公立は、早慶上理大の合格件数を5年前より減らしています。

公立では新規開校と中高一貫校の伸び大

5年前より《国公立大＋早慶上理

【表1】

所在地	設置者	国公立早慶上理合計			国公立大合計			早慶上理合計			東京大		
		08年	⇒	13年	08年	⇒	13年	08年	⇒	13年	08年	⇒	13年
1都3県計	国	1,418	⇒	1,645	482	⇒	612	936	⇒	1,033	180	⇒	211
	公	16,189	⇒	19,023	6,032	⇒	7,505	10,157	⇒	11,518	210	⇒	304
	私	25,349	⇒	31,214	6,798	⇒	8,644	18,551	⇒	22,570	933	⇒	1,102
	計	42,956	⇒	51,882	13,312	⇒	16,761	29,644	⇒	35,121	1,323	⇒	1,617
東京	国	1,408	⇒	1,623	473	⇒	590	935	⇒	1,033	180	⇒	211
	公	4,896	⇒	6,151	1,766	⇒	2,280	3,130	⇒	3,871	74	⇒	140
	私	14,293	⇒	17,840	3,548	⇒	4,546	10,745	⇒	13,294	668	⇒	754
	計	20,597	⇒	25,614	5,787	⇒	7,416	14,810	⇒	18,198	922	⇒	1,105
神奈川	公	3,875	⇒	5,038	1,323	⇒	1,711	2,552	⇒	3,327	37	⇒	45
	私	5,311	⇒	6,418	1,509	⇒	1,782	3,802	⇒	4,636	182	⇒	220
	計	9,186	⇒	11,456	2,832	⇒	3,493	6,354	⇒	7,963	219	⇒	265
千葉	公	3,544	⇒	3,628	1,362	⇒	1,572	2,182	⇒	2,056	40	⇒	43
	私	2,695	⇒	3,349	798	⇒	1,038	1,897	⇒	2,311	56	⇒	89
	計	6,240	⇒	6,990	2,161	⇒	2,623	4,079	⇒	4,367	96	⇒	132
埼玉	公	3,874	⇒	4,206	1,581	⇒	1,942	2,293	⇒	2,264	59	⇒	76
	私	3,050	⇒	3,607	943	⇒	1,278	2,107	⇒	2,329	27	⇒	39
	計	6,933	⇒	7,822	2,532	⇒	3,229	4,401	⇒	4,593	86	⇒	115

大》の合格率を伸ばした学校を、東京を含めて順に並べると、次のようになりました。**【順位、学校名、地域、設置者、増加%（2008年→今春）で表示】**

①**世田谷学園**（東京・私）…116%増（100%→216%）
②**桜修館中等教育学校**（東京・公）…95%増（8%→103%）
③**横浜サイエンスフロンティア**（神奈川・公）…87%増（0%→87%）
④**光塩女子学院高等科**（東京・私）…81%増（65%→146%）
⑤**小石川中等教育学校**（東京・公）…78%増（61%→139%）
⑥**武蔵**（私立）（東京・私）…76%増（123%→199%）
⑦**九段中等教育学校**（東京・公）…73%増（5%→78%）
⑧**横浜翠嵐**（神奈川・公）…66%増（122%→188%）
⑨**フェリス女学院**（神奈川・私）…65%増（95%→160%）
⑩**穎明館**（東京・私）…64%増（94%→158%）
⑪**浦和明の星女子**（埼玉・私）…64%増（68%→132%）
⑫**日比谷**（東京・公）…60%増（133%→193%）
⑬**帝京大学**（東京・私）…60%増（89%→149%）
⑭**東京都市大学付属**（東京・私）…60%増（19%→79%）
⑮**攻玉社**（東京・私）…59%増（119%→178%）

15校のうち、私立が9校（埼玉1校、東京7校、神奈川1校）、公立が6校（東京4校、神奈川2校）と、**【表1】**の縮図のような順位になっています。

公立は、中高一貫校や指定などにより改編、改善のあった学校がランクインしています。

新設、改編された学校で公立の伸びが大幅

今春、埼玉、千葉、神奈川の各地域別に、5年間の伸びを調べると、次のようになりました。

神奈川では、

①**横浜サイエンスフロンティア**…87%（0%→87%）
②**横浜翠嵐**…66%（122%→188%）
③**フェリス女学院**…65%（95%→160%）
④**柏陽**…41%（115%→156%）
⑤**サレジオ学院**…38%（138%→176%）

⑥**横浜国際**…37％（17％→54％）
⑦**逗子開成**…37％（108％→145％）
⑧**湘南**…33％（116％→149％）
⑨**山手学院**…32％（45％→77％）
⑩**鎌倉女学院**…31％（63％→94％）
⑪**厚木**…27％（78％→105％）
⑫**鎌倉学園**…26％（53％→79％）
⑬**桐蔭学園**（中教）…26％（123％→149％）
⑭**森村学園高等部**…23％（37％→60％）
⑮**湘南白百合学園**…21％（60％→81％）
⑯**聖光学院**…21％（211％→232％）
⑰**清泉女学院**…20％（15％→35％）
⑱**神奈川学園**…18％（5％→23％）
⑲**弥栄**…17％（1％→18％）
⑳**聖和学院**…17％（2％→19％）
㉑**藤嶺学園藤沢**…16％（12％→28％）
㉒**横浜女学院**…16％（2％→18％）
㉓**桐光学園**…14％（64％→78％）
㉔**川和**…14％（54％→68％）
㉕**湘南学園**…14％（14％→28％）
㉖**相模原**（県立）…13％（31％→44％）と、伸び幅13％以上に限っても26校と、数多くの学校が合格率を伸ばしています。

神奈川では、**横浜サイエンスフロンティア**、**横浜国際**など、新設、学区改編、指定など、東京と同じような進学施策で、新しく生まれ変わり合格率を伸ばした学校が多くなりました。

今春の合格率では、**聖光学院**…232％、**栄光学園**…220％、**浅野**…213％など、神奈川は私立の有名進学校が多くありますが、**横浜翠嵐**…188％、**柏陽**…156％、**湘南**…149％、**厚木**…105％と、高い合格率の公立が増えています。

伸び小さい千葉 千葉東と稲毛が健闘

千葉では、
①**渋谷教育学園幕張**…57％（158％→215％）
②**昭和学院秀英**…22％（71％→93％）
③**市川**…22％（95％→117％）
④**千葉東**…19％（89％→108％）
⑤**稲毛**…19％（12％→31％）
⑥**東邦大学付属東邦**…18％（108％→126％）
⑦**佐原**…11％（35％→46％）
⑧**芝浦工業大学柏**…10％（66％→76％）と、10％以上伸ばした学校8校のうち5校が私立です。

千葉では、公立校から《国公立大＋早慶上理大》への合格件数の増加数は、全部で100件以下に止まっています。

このうち早慶上理大では、100件以上減っています。

伸びは小さいですが、上位公立校の今春の合格率は、**千葉**（県立）…186％、**船橋**（県立）…122％、**東葛飾**…114％と、高い割合を示しています。

一貫化した市立浦和が 公立トップの伸び示す

埼玉では、
①**浦和明の星女子**…64％増（68％→132％）
②**開智**…32％増（58％→90％）
③**大宮開成**…29％増（8％→37％）
④**浦和**（市立）…22％増（53％→75％）
⑤**栄東**…17％増（121％→138％）
⑥**蕨**…16％増（26％→42％）
⑦**淑徳与野**…14％増（28％→42％）
⑧**浦和**（県立）…12％増（145％→157％）
⑨**川口北**…12％増（10％→22％）
⑩**本庄東**…12％増（16％→28％）
⑪**昌平**…11％増（1％→12％）
⑫**所沢北**…11％増（18％→29％）
⑬**不動岡**…10％増（34％→44％）と、上位私立3校の伸びがめだっています。

公立では、6年前に入学した一貫生が初めて大学受験に臨んだ**浦和**（市立）が53％から75％に伸ばしました。**浦和**（県立）も件数では、国公立だけでも178件→242件と大きく伸ばしています（うち東大、33件→46件）。

ほかのおもな公立校の、今春の合格率は、**大宮**…109％、**春日部**…101％、**川越**…98％と、伸びてきた**開智**（90％）に、抜かれそうになっています。

今春の大学合格実績を5年前の2008年と比べると、首都圏の公立高校から国公立大学へ合格した生徒の数が、大幅に増えています。地方の高校から首都圏の大学を受験する生徒が減って、受かりやすくなっていることが、理由のひとつですが、3年前に私立中学などに進学しないで、公立に進んだ生徒が、国公立大学を受験していることも、大きいようです。

【表2】 3県の《国公立大＋早慶上理大》合格率上位15校一覧

	学校名	設置者	《国公立大＋早慶上理大》合格率	筑波大	埼玉大	千葉大	東京大	東京医科歯科大	東京外国語大	東京学芸大	東京工業大	お茶の水女子大	一橋大	横浜国立大	首都大東京	横浜市立大	早稲田大	慶應義塾大	上智大	東京理科大
神奈川	聖光学院	私	232%	5		4	62	1	3	1	17		13	10		7	178	133	26	44
	栄光学園	私	220%			3	52				10		17	7		3	126	107	12	37
	浅野	私	213%	2		8	27	1			18		16	16	2	4	182	154	28	88
	横浜翠嵐	公	188%	5	2	5	17	2	5		16	1	7	36	7	11	144	100	44	62
	サレジオ学院	私	176%	3		2	7	3	2	2	3		7	8	6	4	76	54	54	49
	フェリス女学院	私	160%	4		3	10		2		5	4	11	9	1	11	103	48	33	30
	柏陽	公	156%	4	2	13	3	1	1	5	21	2	3	30	10	2	127	50	40	77
	湘南	公	149%	6	3	5	14		5	3	15	4	10	27	7	5	171	90	66	66
	桐蔭学園(中教)	私	149%	1	1	4	13	2	2		6		7	5	4	3	70	51	26	42
	逗子開成	私	145%	2	1		14		3	1	10		10	14	4	4	118	69	42	60
	横浜共立学園	私	111%	3		2	2	3	2	1	3	3		9	2	5	57	35	27	23
	厚木	公	105%	6		4	2	1	4	5	10	2	2	18	19	2	101	38	47	45
	横浜雙葉	私	102%	1		3	3	2	5		1	6	1	1	1	5	52	39	46	9
	鎌倉女学院	私	94%		1	1	2		4		1		1	6	2	12	57	11	26	15
	横浜サイエンスフロンティア	公	87%	2		3	3	1		1	6			20	10	12	22	15	4	66
千葉	渋谷教育学園幕張	私	215%	15	1	22	61	4	3	2	16	3	18	7			190	130	47	149
	千葉(県立)	公	186%	7	1	44	25	2	1	2	11	4	12	7		1	161	116	50	109
	東邦大学付属東邦	私	126%	21	2	39	10	3	2	2	13	4	6	3	2	2	129	67	42	165
	船橋(県立)	公	122%	26	3	54	9	1	4	1	5	3	5	5	2	2	111	25	25	75
	市川	私	117%	15	2	26	13	2	5	2	15	1	6	8	2		172	95	52	98
	東葛飾	公	114%	25	5	31	2		5		5	2	13	2	5		110	41	41	100
	千葉東	公	108%	11	2	58	2			2	2	2	1		2	3	63	28	39	76
	昭和学院秀英	私	93%	3	1	38	1		1	1	3	3	4	2	2	2	85	32	53	66
	芝浦工業大学柏	私	76%	4		17	1					1		1	3	2	51	15	28	76
	佐倉	公	56%	8	2	40	1		1				1	3	4	1	42	12	13	30
	長生	公	47%	4	5	31	2	1	1	2			1	5		1	18	5	11	19
	佐原	公	46%	11	4	14			2	1	1					2	8	7	1	22
	木更津	公	39%	1	4	29			1	2		2	1	1	1	2	14	2	9	23
	柏(県立)	公	38%	7	2	7				2				2	2		31	1	10	49
	千葉(市立)	公	35%	4	3	28	1		1				1	2	2	2	20	3	9	19
埼玉	浦和(県立)	公	157%	23	9	23	46	2	4	5	9		16	10	3	1	174	94	20	98
	栄東	私	138%	6	30	26	12	1	2	1	5	1	3	13	8	6	123	73	28	73
	浦和明の星女子	私	132%	7	1	5	6		5	1	3	3	2	1		1	67	33	38	37
	大宮	公	109%	17	20	12	11	3	3	8	3	4	7	2	8		88	43	39	92
	春日部	公	101%	12	18	18	2		4	2	4		2	4	5	1	87	30	34	88
	川越	公	98%	8	14	6	4		1	5	6		8	4	7	1	105	26	30	67
	開智	私	90%	14	12	6	11	1	3	4	6	4	2	15	2	3	132	73	42	140
	浦和第一女子	公	87%	10	27	15	3	1	7	12	2	18	1		7		89	26	36	54
	浦和(市立)	公	75%	10	23	5	1	1	1	7	1	4	1	2	13		54	14	23	40
	城北埼玉	私	62%	2	1		2			1	2			5	2		32	14	15	39
	川越女子	公	57%	5	19	3	4	1	2	8		7	2	1	4	1	68	8	16	21
	熊谷	公	51%	9	18	5	1		2	2	1		1	2		1	35	3	7	40
	越谷北	公	44%	10	12	10	1	1		3	2	1	1	4	1	1	31	6	13	37
	西武学園文理	私	44%	3	3	3	4	2	6	5	1	3		2	6	1	52	17	30	41
	不動岡	公	44%	9	28	8		2	3	4	1	3			1		29	6	14	23

Basic Lecture

高校入試の基礎知識

学校説明会に行こう
学校説明会ではなにを見てくればよいか

前号では「学校情報の集め方」についてお話ししました。そのなかで、最も効果的に学校情報を集めるには、その学校に出かけて「学校説明会」に参加することだ、と強調しましたが、すでにいろいろな学校で「学校説明会」が始まっています。今回は、学校説明会に行く際の基礎知識をまとめました。やはり「自分の目と耳で確かめる」ことに勝るものはありませんので、ぜひ参加しましょう。

足を運んで目と耳とで学校を感じる

私立高校のなかには、もう5月のうちから学校説明会を行うところがありますが、首都圏ではほとんどの高校の学校説明会が、毎年夏休みに入った7月から11月ごろまでを、おもな日程として行われています。

最近では公立高校もさかんに学校説明会を開催するようになりました。これも7月から始まる学校が多く見受けられます。

また、さまざまな形態での「合同学校説明会」も開催されています。

この合同学校説明会は、かつては私立高校が集まって実施するものでしたが、神奈川や東京では、公立高校も近隣の学校が一堂に会する合同説明会を開催するようになりました。また、最近では、公立と私立の学校が協力して開催する合同説明会もあります。

受験可能性のある学校の説明会には積極的に参加を

なにごとにおいても、行ってみなければわからない、ということはたくさんあります。

ですから、受験する予定、また可能性のある高校の説明会にはぜひとも参加することをおすすめします。

とくに、これから秋にかけて志望校をしぼりこみ、実際に受験する学校を決める際に迷うのは、じつは併願校なのです。

「第1志望校の学校説明会には行っていたが、そのほかの学校は、じつはよく知りません」という受験生に出会うことがあります。

いくつか候補にあげられる併願校のことをなにも知らないで学校選択をしていくのは、非常なあやうさを感じます。

ですから、受験可能性のある学校には積極的に出かけていきましょう。比較することによって、学校を見る目も養われていきます。

学校説明会では どこを見てくれればよいか

では、学校説明会でチェックすべきポイントについて話を進めます。

①交通の便と立地環境

その学校が自分に合っているかどうか。とくに重要なのが交通アクセスです。毎日通学するのですから、電車やバスの時刻表、乗り継ぎの便の良し悪しについては細かくチェックしておきたい項目です。

自宅から高校までの通学時間、電車やバスの時刻表と、実際に通学するときに遭遇するであろう電車・バスの混み具合もチェックしたいところです。自転車通学を考えている場合、登校時間には踏切が限られた時間しか開かず、思いのほか時間がかかる、といったこともあります。

学校の立地環境も重要です。周辺の様子（駅からは繁華街を通るのか、騒音は、自然環境は）、文房具屋、書店、公立図書館の有無も、受験学年になれば大切になってきます。

②施設

校舎や教室、特別教室、図書館、コンピュータ室、自習室、体育館や武道館、グラウンドなどの一般教育施設・運動施設、部室、ロッカー、更衣室、食堂の充実度、また、毎日使うことになるトイレの清潔感もチェックしたいもののひとつです。

③校風

その学校の教育理念・目標、また、どのような生徒の育成をめざしているのか。面倒見はよいか。生徒の主体性に任せているか、逆に生徒に任せすぎてはいないか、校則は厳しいのか、学力養成だけでなく生活指導も充実しているか。

大切なことは、校風が自分に合っているかどうかです。「自由な学校がいい」と多くの生徒は言いますが、人から言われなくても自分で計画を立てて勉強できるというのならよいのですが、逆に、自分で計画を立てて勉強できない場合は、きちんと生徒1人ひとりの面倒を見てくれる学校の方がよいということになります。

④在校生の学校生活

在校生の様子を見ましょう。活発か、あいさつの有無、先生との距離、持ち物、服装などを観察します。

自分は、そういう生徒たちと友だちになれるか、という観点で見てみることです。

⑤授業時間と教育内容

日々の課題や予習の量と内容、始業時間・終業時間、また授業時間や時間割（学校によって45分授業、50分授業、65分授業、70分授業などがある）、部活動の時間制限、授業内容や時間割も重要です。

高校によっては日々の課題をたくさん出す学校があります。進学校のなかには、課題の量が中学校時代とは比較にならないほど多い学校もあります。

説明会の折りに、毎日、どの程度の課題が出るのか、学校関係者に直接尋ねましょう。案内の在校生に気軽に話しかければよいのです。

⑥補習や土曜授業の有無

補習の実際、土曜をどのように活用しているか、国公立大コース、私大コース、理系・文系コースなどのコース選択の実際や各コースの授業内容を知っておきましょう。

放課後に塾や予備校に通う費用は父母の大きな負担です。大学受験時の進学対策の有無、そして塾が必要かどうかも気になるところです。

⑦部活動や行事

部活動に力を入れているか、興味のある部活動があるか、設備は充実しているかなども重要です。体験入学で部活動への参加を実施している学校もありますので、よく調べましょう。進学してみたら、やりたかった部活がなかった、では困ります。

学校行事では、文化祭の様子や修学旅行先（国内、海外、その費用）、合唱祭、鑑賞会などの規模と生徒の関わりなども確かめておきましょう。また、交換留学生制度の有無、奨学生制度の有無なども、それらの利用を考えている生徒には重要な情報です。

⑧卒業生の進路

大学への合格者数などの進学実績、著名な卒業生の存在なども知っておきたいところです。

これらのことに限らず、学校説明会では、学校案内パンフレットには書いていない情報が手に入ったり、入試問題に関する情報などがもたらされることもあります。

7月号の答えと解説

問題

熟語しりとりパズル

スタートから始めて、すでに書かれている漢字や右のカギをヒントに、中心に向けて熟語のしりとりをしながら、すべてのマスを漢字で埋めてパズルを完成させてください。ただし、数字のついているマスは、カギの熟語の1文字目が入ります。

最後に色のついたマスを縦に読む3文字の熟語を答えてください。

→スタート

1 馬			2		3	4 集
11	12		13		14 会	
		20		21		
10	19	24		22	15	5
	18			23		
9	転		17		16	
8 散			7			6 車

【単語リスト】

1 「馬の耳に念仏」に同じ
2 その季節の感じをよく表しているもの。花火大会は夏の○○○
3 「若菜集」「春と修羅」「智恵子抄」などは、なんの題名？
4 超小型の電子回路。英語で略すとIC
5 道路上の軌道を走る電車
6 安全にドライブするため、十分にとることが大切
7 離れたり集まったりすること
8 あたり一面に散らばること。君の部屋、ゴミが○○してはいませんか？
9 大気の強い乱れ。飛行機がこれに巻き込まれると大変
10 その時々の条件によって動きが変わる様子。情勢などが不安定で変化しやすい様子
11 ピタリと当たること。予想が○○する
12 このパズルを解いている君はこれですよね
13 12や高校生による自治組織。小学校では児童会、大学では学生自治会
14 普通「　」などの記号で囲みます
15 ⇔口語文
16 単行本より一回り小さいサイズで単行本より安く売られます
17 物事の根本的なことと、そうでないことを取り違えること
18 逆立ち
19 選挙で当選するには、まず、これをしないと
20 小児用の自転車の後輪に取り付ける小さな車輪
21 大勢の人が順番を決めてかわるがわることにあたる
22 相撲の○○、長者○○
23 自分にしっかりした考えがなく、たやすく他人の意見に賛成すること
24 同じであること。1つのものであること

解答　生一本

馬	耳	東	風	物	詩	集
的	中	学	生	徒	会	積
動	候	補	助	輪	話	回
流	立	同	一	番	文	路
気	倒	雷	和	付	語	面
乱	転	末	本	庫	文	電
散	集	合	離	距	間	車

解説

しりとりを完成させると右のようになります。

「生一本」は、純真で、ものごとにまっすぐに打ち込んでいくさまをいい、似た意味の言葉に「一本気」があります。中学生のみなさんには、あまり関係ありませんが、「灘の生一本」のように、日本酒などの、純粋で混じり気のないものをいうときにも使われる言葉です。

＊言葉の解説

馬耳東風…人が心地よいと感じる春風が吹いても、馬にはなにも感じないように見えることから、他人の忠言や批評などを聞いてもまったく心に留めず、少しも反省しないことを言います。

離合集散…「離合」は離れることと1つに集まること、また、協同したり反目したりすることで、「集散」は集まることと離れ去ることから、人々がより集まって仲間を作ったり、また別々に分かれたりすることを意味します。

本末転倒…「本末」は、ものごとの根本と末端、重要な部分とそうでない部分の意、「転倒」は、さかさまになることから、根本的で重要なこととささいでつまらないことを取り違えることを言います。

付和雷同…自分にしっかりした考えがなく、たやすく他人の意見に賛成すること。「付和」は、他人にくっついて調子を合わせること。「雷同」は、雷がなるとものがそれに応じて響くことから、他人の意見に同調することを意味します。

中学生のための学習パズル

今月号の問題

論理パズル

　A～Fの６つの缶があり、そのうち３つには赤色のペンキが、残りの３つには青色のペンキが入っています。

　AとBの缶のペンキを混ぜても色は変わりませんが、CとDとEの缶のペンキを混ぜると色が紫色に変わります。また、DとEとFの缶のペンキを混ぜても色が紫色に変わります。

このとき、確実に正しいと言えるのは、次のうちどれでしょう。

ア　CとEの缶のペンキを混ぜても色は変化しない。

イ　BとFの缶のペンキを混ぜると色は変化する。

ウ　AとEの缶のペンキを混ぜても色は変化しない。

エ　CとDの缶のペンキを混ぜると色は変化する。

7月号学習パズル当選者

全正解者35名

★**古木　弘成**くん（千葉県千葉市・中３）
★**永本茉莉花**さん（千葉県松戸市・中３）
★**島田　一晃**くん（神奈川県横浜市・中１）

応募方法

●必須記入事項

01　クイズの答え
02　住所
03　氏名（フリガナ）
04　学年
05　年齢
06　右のアンケート解答
「ミケランジェロ展」（詳細は81ページ）の
招待券をご希望の方は、「ミケランジェロ展招待券希望」と明記してください。

◎すべての項目にお答えのうえ、ご応募ください。
◎ハガキ・ＦＡＸ・e-mailのいずれかでご応募ください。
◎正解者のなかから抽選で３名の方に図書カードをプレゼントいたします。
◎当選者の発表は本誌2013年11月号誌上の予定です。

●下記のアンケートにお答えください。

A今月号でおもしろかった記事とその理由
B今後、特集してほしい企画
C今後、取り上げてほしい高校など
Dその他、本誌をお読みになっての感想

◆2013年9月15日（当日消印有効）

◆あて先
〒101-0047　東京都千代田区内神田2-4-2
グローバル教育出版　サクセス編集室
FAX：03-5939-6014
e-mail:success15@g-ap.com

挑戦!!

佼《こう》成《せい》学《がく》園《えん》高等学校

問題

右の図のように、$y=ax^2$上に２点A，Bがあり、点Aと点Bのx座標はそれぞれ－１と２、直線ABとy軸との交点をCとする。△AOCの面積が１であるとき、次の問いに答えなさい。

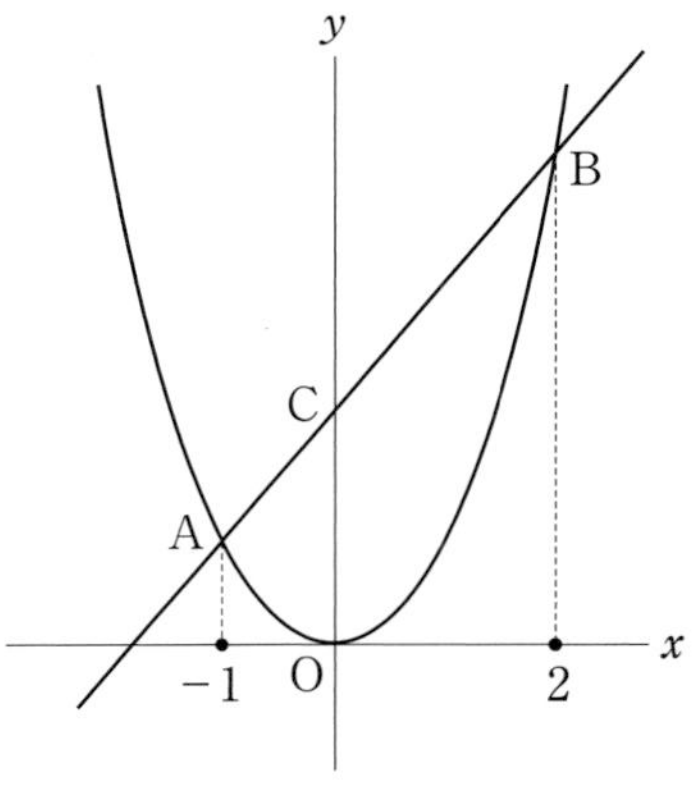

(1) 点Cのy座標を求めなさい。

(2) aの値を求めなさい。

(3) 点Cを通り△AOBの面積を２等分する直線と、線分OBとの交点の座標を求めなさい。

東京都杉並区和田2-6-29
地下鉄丸ノ内線「方南町」徒歩5分
TEL 03-3381-7227
URL http://www.kosei.ac.jp/kosei_danshi/

学校説明会

９月14日（土）14:00～15:00
10月19日（土）14:00～15:00
11月９日（土）14:00～15:30※
11月22日（金）18:00～19:00
12月７日（土）14:00～15:30※
※の日は入試問題解説も実施

文化祭

９月21日（土）10:00～15:00
９月22日（日）10:00～15:00
両日とも入試相談コーナーを設置

解答 (1) 2 (2) $a=1$ (3) $(\frac{1}{2},\ 1)$

青《あお》山《やま》学《がく》院《いん》高等部

問題

図のように，線分ABを直径とする円Oに，AB＝12，CD＝DA＝４の四角形ABCDが内接している．また，線分ACと線分BDの交点をEとする．

(1) 線分BDの長さを求めよ．

(2) 線分DEの長さを求めよ．

(3) 線分BCの長さを求めよ．

(4) 線分ACの長さを求めよ．

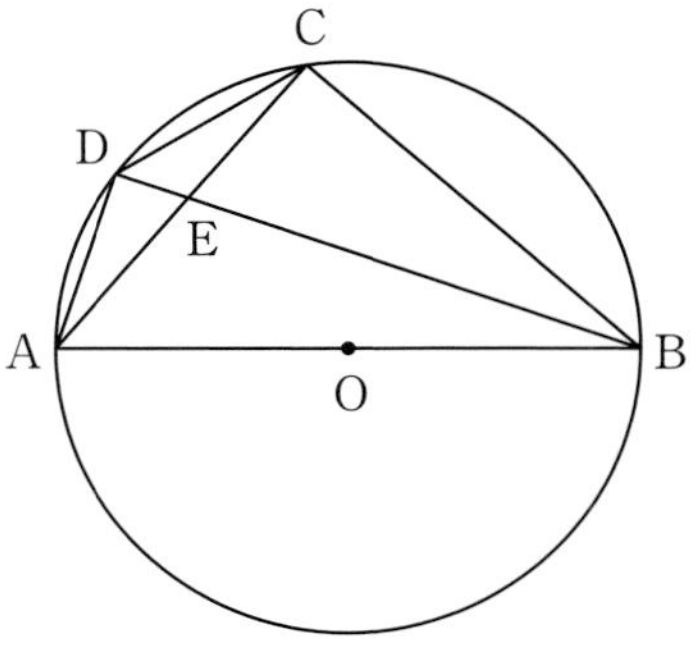

東京都渋谷区渋谷4-4-25
JR線ほか「渋谷」徒歩10分
地下鉄「表参道」徒歩8分
TEL 03-3409-3880
URL http://www.agh.aoyama.ed.jp/

学校説明会

10月12日（土）
全体会 13:00～14:30
校舎見学・入試相談 14:30～
11月９日（土）
全体会 13:00～14:30
校舎見学・入試相談 14:30～

文化祭

9月14日（土）12:00～17:00
（入試相談14:00～16:00）
9月16日（月祝）9:15～15:00
（入試相談13:00～14:30）

解答 (1) $8\sqrt{2}$ (2) $\sqrt{2}$ (3) $\frac{28}{3}$ (4) $\frac{16\sqrt{2}}{3}$

東《とう》京《きょう》電《でん》機《き》大《だい》学《がく》高等学校

問題

図はAB＝5 cm，CD＝4 cm，DA＝6 cm，∠C＝∠D＝90°の台形ABCDで，辺AB，BCの中点をそれぞれM，Nとする。AN，MNを延長した直線と辺DCを延長した直線との交点をそれぞれE，Fとするとき，次の問いに答えなさい。

(1) BCの長さを求めなさい。

(2) CEの長さを求めなさい。

(3) MN：NFを最も簡単な整数の比で答えなさい。

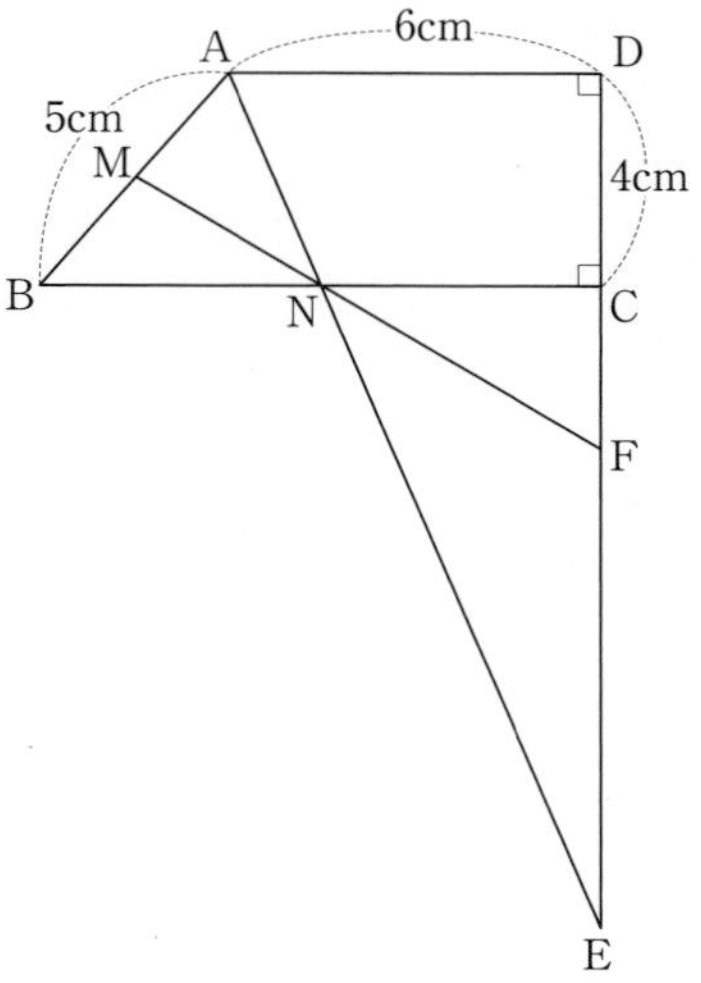

解答 (1) 9cm (2) 12cm (3) 2：3

東京都小金井市梶野町4-8-1
JR中央線「東小金井」徒歩5分
TEL 0422-37-6441
URL http://www.dendai.ed.jp/

学校説明会

10月12日（土）14:00～15:30
11月９日（土）14:00～15:30
12月７日（土）14:00～15:30

授業公開

11月13日（水）10:00集合

TDU武蔵野祭

９月21日（土）9:30～16:00
９月22日（日）9:30～16:00

駒《こま》澤《ざわ》大《だい》学《がく》高等学校

問題

下図のような直径12の半円がある。円周上にAP＝8となる点をP，∠PABの二等分線と円周の交点をQ，線分AP，BQを延長したときの交点をCとする。このとき，BCおよびAQの値を求めなさい。

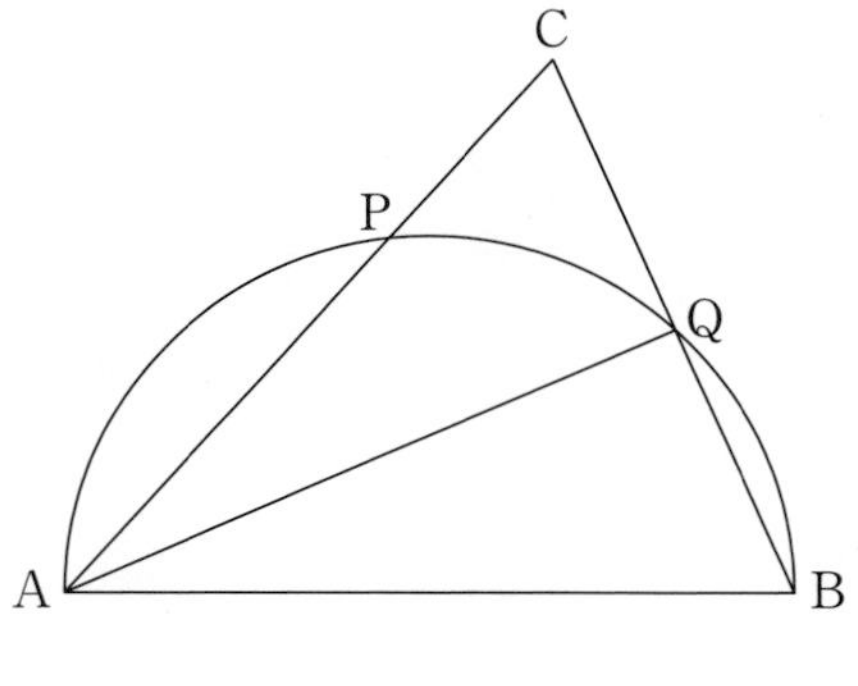

解答 BC＝$4\sqrt{6}$ AQ＝$2\sqrt{30}$

東京都世田谷区上用賀1-17-12
東急田園都市線「桜新町」・「用賀」徒歩13分
TEL 03-3700-6131
URL http://www.komakou.jp/

学校説明会 ※各回イベントあり

10月26日（土）15:00～16:50
11月２日（土）15:00～16:30
11月23日（土）14:00～16:10
12月７日（土）15:00～16:10

学校見学会 毎週土曜日

8月 10:00～、14:00～
9月以降 15:00～

駒大高祭（文化祭）

9月28日、9月29日

お便りコーナー

サクセス広場

「夏」の好きなところは?

みんなで**花火**ができること！　花火大会に行くのもいいし、みんなで手持ち花火をするのも楽しい！
（中１・ドンパチさん）

海に入れる！　海サイコー!!
（中２・夏男さん）

長袖が嫌いなので、**半袖**で過ごせる夏が好きです。
（中１・蚊取り線香さん）

暑いところです！　寒いと身体が縮こまってしまいますが、暑いとパワーが沸いてきます。
（中３・エネルゲンさん）

かき氷が大好きなので、おいしく食べられる夏が好きです！
（中２・あいすさん）

長〜〜い**夏休み**があるところが夏のいいところでは!?
（中１・Ｙ・Ａさん）

エアコンがほどよく効いてて、**ひんやり快適な空気で勉強できる**ところが好きです。
（中３・雫さん）

夏のいいところは、**プールで泳げる**ところ！　スイミングが得意なので、体育のプール授業でもめだてるし最高！
（中３・泳ぎだけさん）

どの時代にタイムスリップしたい?

戦国時代です。いまの知識があれば、なんとか生き抜いて、下克上できる気がします。
（中３・天下とったるで！）

平安時代です。貴族の屋敷で蹴鞠などを楽しみながら過ごしたいです。
（中１・サッカー大好きさん）

もし行けるなら**日露戦争**で、東郷平八郎率いる日本艦隊とバルチック艦隊の繰り広げた激戦を見たいです。
（中３・修学旅行のギギネブラさん）

幕末に行って、国がどう変わっていくのか見てみたいです。
（中２・山本龍馬さん）

未来でしょう。例の猫型ロボットが本当に実現しているか、確認したいですね。
（中２・未来の世界の犬型ロボット）

原始時代。原始人と生活してみたい。いまと全然違う生活だからおもしろそう。
（中３・Ｈ・Ｔさん）

2学期の抱負

２学期は天王山のように勝敗の分け目であるから、なにがなんでも意地って**勉強したい!**
（中３・うっちーさん）

体育祭で活躍するぞ！　リレー、騎馬戦、全部勝ちたい！
（中１・赤組さん）

２学期のうちに**逆上がり**ができるようになりたいです。クラスで自分だけできないんです（泣）。
（中２・まつうぉちゃまさん）

新チームのキャプテンになったので、**新人戦優勝**です！
（中２・キャプテンジャックさん）

数学の苦手を克服したい！　１学期にあまり克服できなかったから、２学期は頑張りたい！
（中３・まささん）

１学期もそうだったので、２学期も続けて**無遅刻・無欠席**めざします！
（中２・Ｏ・Ｔさん）

募集中のテーマ

「一番好きな学校行事は?」
「我が家のユニークな習慣」
「10年後、なにしてる?」

応募〆切 2013年9月15日

必須記入事項

Ａ／テーマ、その理由　Ｂ／住所　Ｃ／氏名
Ｄ／学年　Ｅ／ご意見、ご感想など

ハガキ、FAX、メールを下記までどしどしお寄せください!
住所・氏名は正しく書いてください!!
ペンネームは氏名のうしろに(　)で書いてネ!
【例】サク山太郎(サクちゃん)

あて先

〒101-0047　東京都千代田区内神田2-4-2
グローバル教育出版　サクセス編集室
FAX:03-5939-6014　e-mail:success15@g-ap.com

ここにメールしてね!!

success15

ケータイから上のQRコードを読み取り、メールすることもできます。

掲載されたかたには抽選で図書カードをお届けします!

掲載にあたり一部文章を整理することもございます。個人情報については、図書カードのお届けにのみ使用し、その他の目的では使用いたしません。

企画展
生誕80周年記念
藤子・F・不二雄展
7月19日（金）～10月6日（日）
東京タワー　フットタウン屋上・4F

ドラえもんの世界を体感しよう

「ドラえもん」などの作者として有名な藤子・F・不二雄の生誕80周年を記念して行われるこの展覧会では、「ドラえもん」や「パーマン」の第１話をはじめとする貴重な原画の展示のほか、日本初となる室内型の４Dプロジェクションマッピングで体験できる「ＳＦ（すこしふしぎ）シアター」、作品の１シーンの登場人物として撮影ができる「なりきりキャラひろば」など、体感型の展示が満載だ。

写真展
伊知地国夫
「写真で楽しむ 科学のふしぎ」
8月16日（金）～29日（木）
富士フイルムフォトサロン スペース1

瞬間写真　ミルクのキノコ（牛乳が跳ね返ったときにできる造形写真）

「科学写真」で見る身の回りの不思議な世界

「科学写真」と聞くと、難しそうだけど、自分たちの身の回りにあるものでも、撮影に少し工夫をすると科学的な視点を持った写真を撮影することができる。身近な自然現象をカメラを通してみると「おもしろい色と形」をしていることがわかる。この展覧会では、身近な素材を使った自然科学現象の撮影など、科学写真家として活躍する伊知地国夫の作品の数々を紹介する。写真を通してたくさんの不思議に触れてみよう。

サクセス イベント スケジュール
8月～9月
世間で注目のイベントを紹介

アート
ミケランジェロ展
天才の軌跡
9月6日（金）～11月17日（日）
国立西洋美術館

マルチェッロ・ヴェヌスティに帰属《ミケランジェロの肖像》1535年以降、油彩／カンヴァス　フィレンツェ、カーサ・ブオナローティ所蔵
©Associazione Culturale Metamorfosi and Fondazione Casa Buonarroti

「ミケランジェロ展」の招待券を5組10名様にプレゼントします。応募方法は77ページを参照。

大芸術家ミケランジェロの創造の軌跡と秘密

「神のごとき」と称された大芸術家ミケランジェロ（1475-1564）の創造の軌跡とその波紋を、カーサ・ブオナローティ（フィレンツェ）の所蔵品によって紹介する。門外不出とされていた《階段の聖母》が長期貸し出し展示されるのは史上初。素描を中心に30点を超すミケランジェロの作品類と関連作品など計60点を通して、ミケランジェロの知られざる創造的プロセスとその秘密に迫る。

企画展
没後80年
宮沢賢治・詩と絵の宇宙　雨ニモマケズの心
7月13日（土）～9月16日（月・祝）
世田谷文学館　2階展示室

資料提供　林風舎

絵本原画で振り返る宮沢賢治の作品

宮沢賢治が生きていたころ、岩手では２度の三陸地震と凶作に見舞われた。そんな苦しい時代のなかで、岩手県を架空の「イーハトーブ」と名付け、そこに理想郷を築こうとした賢治の作品が、東日本大震災以降、未曾有の震災被害からの復興をめざす人たちに希望の光を灯している。「雨ニモマケズの心」が未来を照らす糧になるようにと、宮沢賢治の童話を題材とした絵本の原画や挿絵約200点を展覧する。

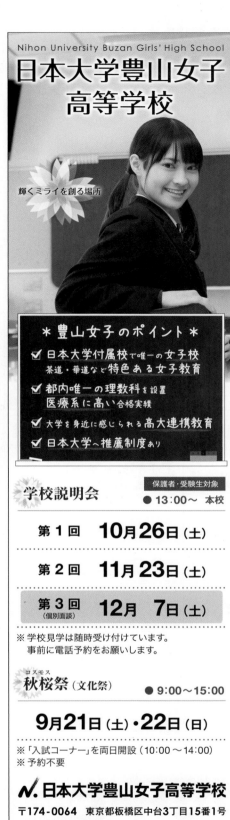

～サクセス18のご紹介～

サクセス18は早稲田アカデミーが創った現役生難関大受験専門塾です。

2013年 大学入試実績

過去最高数更新!!

早慶上智大522名合格!

昨年比52%アップ!!

GMARCH理科大769名合格!

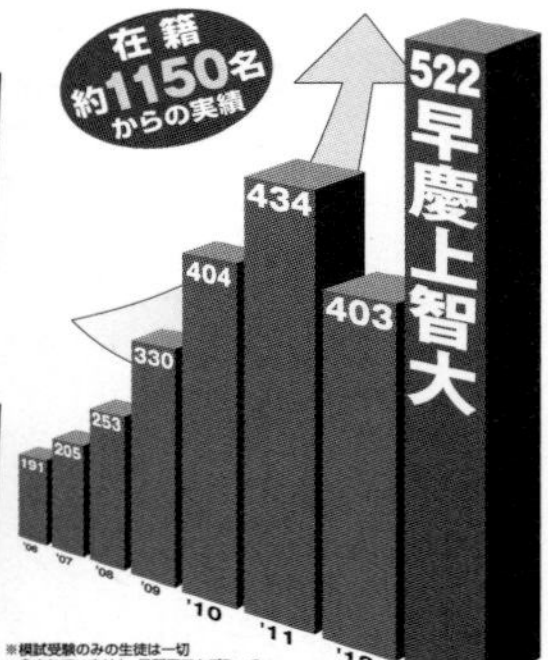

※模試受験のみの生徒は一切含まれていません。早稲田アカデミーの平常授業または特別クラス・夏期・冬期東大合宿に在籍し、授業に参加された方のみを対象としております。

東京大学	京都大・東工大・一橋大・東京外大	難関国立大	早稲田	慶應義塾	上智
55名合格	36名合格	60名合格	234名合格	123名合格	165名合格

明治	青山	立教	中央	学習院	法政	東京理科
161名合格	84名合格	136名合格	115名合格	45名合格	110名合格	118名合格

東京大学［理科Ⅰ類］合格

早稲田大学［先進理工学部］

石川 晃寛（国立筑波大附属駒場高校）

僕の早稲アカ記

僕が、サクセス18に通い始めたのは高2の春でした。理由は、中学校1年生から3年生まで早稲田アカデミーに在籍していて、独特の雰囲気に慣れ親しんでいたからです。実際に授業を受けてみると、先生の厳しく時には優しい指導や共に授業を受ける仲間と競い合いながら切磋琢磨していく早稲アカならではの雰囲気にどこか懐かしさを覚えたのでした。通っていく中で気づいた早稲アカの良さは、まず、先生の授業内容です。体系づけられた知識をどの教科の先生も丁寧に教えてくれたので、頭の中で整理された知識が身に付きました。それによって培われた基礎は受験への大きな武器になったと思います。もう一つの良さは、やはり仲間の存在です。早稲アカでは学期ごとのシニアテストや、クラス選抜テストなど仲間との競争意識を刺激する機会が多くあり、負けず嫌いの僕としてはそれだけで勉強への意欲が増したように思います。特に、受験直前の東大必勝模試では仲間の中での自分の位置が分かるというのは時には大きな自信、時には努力への契機へとつながりました。そんな多くの人との出会いへと導いてくれた早稲アカによって、この度僕は念願の志望校に合格することができました。本当に早稲アカに通っていてよかったです。ありがとうございました。

早稲田大学［創造理工学部］合格

早稲田大学［商学部］、慶應義塾大学［経済学部・総合政策学部］、上智大学［理工学部］、青山学院大学［理工学部］、法政大学［理工学部］

五井 友梨奈（私立鷗友学園女子高校）

受験で学び後輩にアドバイスしたいこと

理系、文系に関係なくまず英語が重要になってくると思います。文系は言わずもがなですが、理系も英語があまり出来ないで合格するのは難しいと感じました。しかし、高三になると数学と理科を勉強するのに手一杯となり、英語に割ける時間はとても少なくなるので高三になる前に英語は仕上げるのが理想的だと思います。また受験期に安定して勉強する為には高一、高二での断続した勉強が必要だと思います。定期テストの一、二週間前だけでも良いので赤点とらなければいいやなどの姿勢ではなく、しっかりと勉強すべきです。高三の冬の最後から受験が始まるまでの期間なんとなく勉強に手がつかなくなるときがありました。高三になると皆勉強するので偏差値はあまり伸びないし、そうすると精神的にきつくなってくると思います。あとは全教科をバランスよく並行して勉強することも大切です。自分の苦手な教科や範囲を把握してそこを重点的に勉強し、また他教科にも手をつけておく必要があるのできちんと考えて勉強した方が良いと思います。上記三つのことを書きましたがあくまで私的な意見のため、参考程度にしてください。最後に数学についてとにかく難しい問題でなくていいから解きまくることが良いと感じました。私は青チャートを解きまくってるときが一番力がついたと思います。しかし、難しい問題をじっくり自分だけで根元から理解することも必要だと思うのでそれもバランスをとって勉強することをオススメします。

慶應義塾大学［薬学部］合格

東京理科大学［薬学部］、星薬科大学［薬学部］、北里大学［薬学部］

渡部 佑樹（私立日本大学第二高校）

刺激を得られる環境

入塾した高2の頃は、偏差値は高いものではなく一番基礎のクラスからのスタートでした。慶應など本当に合格できるのかと不安になることもありましたが、今振り返ると、ある程度楽観的になって「大丈夫だろう」と考えるのも大事なことだなと思います。ただ、高3になって自信が持てるほどの成績を取れるようになって余裕が出てきた時には、化学の先生に「結果が全てだぞ」と言われ、また自分の気持ちを改めて引き締めることができました。このような、普段は優しい先生方からの厳しい言葉も自分の力の原点となっています。また、直前期には数学がなかなか上手くいかないようになった時も、解決策を教えて頂いたり、「自分の実力を信じろ」というアドバイスを頂いたりしたので、安心して受験に立ち向かうことができました。受験勉強を開始してからの間、意識の高い友人と協力し合ったり、信頼できるアシストや先生方からのアドバイスを受けたりと充実した日々を送ることができ悔いなく受験を終えることができました。そのような勉強以外でも刺激を受けられる環境で油断なく学習に取り組めたことが合格につながったと思います。本当にありがとうございました。

上智大学［理工学部］合格

明治大学［総合数理学部］、青山学院大学［理工学部］、法政大学［情報科学部］、日本大学［文理学部］、立命館大学［情報理工学部］、成蹊大学［理工学部］

黒木 麻衣（私立鷗友学園女子高校）

受験を終えて

入塾直後、私は学校の勉強にもついていけないほど数学が苦手でした。もちろん、模試の偏差値も上位校を目指すことは到底出来ないようなものでした。そして何より、自分に自信が持てずにいました。そんな状態でのスタートだったので、数学の先生の指示をとにかく守ることを心がけて勉強するうちに、実力が点数になって表れるようになりました。すると、得意な英語もより出来るようになり、高2になる頃にはクラスも上がりました。模試での偏差値も上がってきているのに、それでも常に自信がもてず不安な気持ちでした。物理・化学を勉強し始めた高3には不安は的中し、成績は伸び悩んでしまい、理系を選択したことを後悔し始めていました。そんな私の様子を先生は見抜いておられたのか、テストの解答に「自信を持って!」といつもコメントを下さったり、私の悩みを長い時間をかけて聞いて下さったりすることで、私は不安が解消され勉強に集中できるようになりました。入試直前も、周りの子が仕上がっていく中、自信をなくした私を励まし続けて下さいました。おかげで入試の前には不安がなくなり、乗り切ることが出来ました。この結果を残すことが出来たのは間違いなくこの塾を始めとする私を支えてくれた人たちのおかげです。ありがとうございました。

高1～高3 9月新学期生受付中

体験授業受付中!

本気、現役合格 早稲田アカデミー

現役生難関大受験専門塾サクセスエイティーン SUCCESS18

教務部高校課

早稲田アカデミー 検索

「高校生コース」をクリック!

☎03(5954)3581(代)

http://www.waseda-ac.co.jp

池袋校
御茶ノ水校
渋谷校
大泉学園校
荻窪校
国分寺校
調布校
新百合ヶ丘校
宮崎台校
大宮校
所沢校
志木校

高1～高3（中1～中3 中高一貫校在籍）新入塾生受付中!

医学[redacted]ト!

日曜集中特訓

最難関医学部を目指す
ライバルだけが集う
「競い合う空間」

医学部必勝講座 9月生募集

医系受験指導40年以上の伝統と実績を誇る野田クルゼのエキスパート講師が、最速・最短の方法で現役合格に導くプロジェクト。それが「医学部必勝講座」です。講義⇒演習⇒試験というサイクルにより、あいまいな理解から生じる些細なミスを無くし、入試において高得点を狙える学力を定着させます。同時に、難易度の高い入試問題を扱いながら、現役生に不足している実践的な問題演習を行います。この講座で最難関医学部現役合格の夢をかなえましょう!

最難関医学部必勝講座（選抜クラス） — **千葉大、筑波大、医科歯科大**などを中心に受験を考えている皆さんのためのクラスです。

難関医学部必勝講座（オープンクラス） — **私立大医学部**などを中心に受験を考えている皆さんのためのクラスです。

説明会・選抜試験 無料

8/25(日)

対 象
▶高1～高3

試験科目
▶高3：英語・数学・理科2科目
高2・高1：英語・数学

高3対象 最難関医学部必勝講座／難関医学部必勝講座 タイムテーブル(例) 1ヶ月に3回／英語・数学・理科(化学・生物・物理)・国語・チェックテスト

	1限	2限	3限
1回目	数　学(180分)	英　語(180分)	英・数チェックテスト(各60分)
2回目	化　学(180分)	化学演習(120分)	国　語(120分)
3回目	生物／物理(180分)	生物演習／物理演習(120分)	理科チェックテスト(各30分)

高2・高1生対象 最難関医学部必勝講座 タイムテーブル(例) 1ヶ月に1回／英語・数学・チェックテスト

	10:00～12:00	13:00～15:00	15:10～16:10	16:20～17:20
1回目	英　語	数　学	英語チェックテスト	数学チェックテスト

推薦合格のノウハウ満載!

医学部推薦対策講座 無料 30名限定 8/25(日) 14:00～16:00

高評価を得る「願書の書き方」から集団をリードしながら自分をアピールする「集団討論」まで推薦入試で合格する極意を伝授します。特に"東京女子医科大生による"「公開模擬チュートリアル」は、推薦にも強い野田クルゼだからこそできる東京女子医科大学の推薦を検討している受験生には必見の内容です。ぜひ、ご参加ください。

イベント内容
- 14:00～ 公開模擬小論文授業(iPS細胞・未来の医療)
- 14:30～ 公開個人面接(高評価される面接を実演形式)
- 15:00～ 現役医大生による模擬チュートリアル
- 15:40～ 今後の推薦対策の予定

医学部現役合格メソッド

親子で聞く 無料

第1回 医学部現役合格セミナー

9/16(祝) 時間▶15:30～17:00

第1回は順天堂・東京医科歯科徹底分析です

医学部受験「伝統と実績」の野田クルゼの看板講師・教務責任者が、「合格するために必要なエッセンス・秘訣」を一挙公開!医学部合格者延べ2000名以上を送りだしているクルゼだからこその有益情報。上記大学に通学している現役生も参加し、講演・講義だけでなく、いかなるご質問にも対応します。知っているのと知らないのとでは天地の差がつく医学部合格メソッド満載!

アドバイザー在籍校 ・順天堂大学医学部・東京医科歯科大学医学部・東京女子医大 等

プログラム
- **医学部受験最前線**
  国公立大・有名私大医学部 受験最新情報
- **大学別徹底研究**
  1.国立難関：東京医科歯科大
  2.私大難関：順天堂大医学部
- **合格者からの生の声**
  高校生時代はこのように過ごした!
  現役大学生から受験生へのアドバイス

無料進呈! **面接情報満載!!**

医系大入試の全てがわかる

「ガイダンスブック」

受験生から直接ヒアリングし、各大学の入試実態を詳細にまとめた、受験対策資料集「医歯薬系入試ガイダンスブック」を無料で進呈いたします。

野田クルゼの受講生のみに配布されている非売品です。

他予備校との併用もできる

医学部受験指導のスペシャリストによる

医学部専門個別指導 Medical 1 メディカル・ワン

この夏で、キミの苦手を得意に変えよう! 全学年対象

個別のみ 受験勉強のスタートを個別集中特訓で、無理なく!無駄なく!
この夏からがんばるキミを応援します。エキスパート講師に全て任せてください。

クラス併用 クラス授業との併用でスムーズな導入を!
この夏初めて野田クルゼに参加することに不安のある方にも、個別指導でのフォローアップがあれば万全です。

Point 1 志望校と学力にあわせたあなただけのフルオーダーカリキュラム

Point 2 医学部受験指導のエキスパート講師が1対1で指導

Point 3 一人ひとりを授業後もケア医学部チューターシステム

Point 4 43年間、のべ2000名を超える医学部合格者を誇る実績

New

Success15 Back Number

2013 8月号

現役高校生に聞いた！中３の夏休みの過ごし方

自由研究のススメ

SCHOOL EXPRESS
中央大学附属

Focus on
埼玉県立浦和

2013 7月号

学校を選ぼう 共学校・男子校・女子校のよさを教えます！

使ってナットク文房具

SCHOOL EXPRESS
栄東

Focus on
神奈川県立横浜翠嵐

2013 6月号

今年出た！ 高校入試の記述問題にチャレンジ

図書館で勉強しよう

SCHOOL EXPRESS
青山学院高等部

Focus on
東京都立国立

2013 5月号

難関校に合格した先輩たちの金言

英語で読書

SCHOOL EXPRESS
山手学院

Focus on
東京都立戸山

2013 4月号

早大生、慶大生に聞いた 早稲田大学・慶應義塾大学

学校クイズ

SCHOOL EXPRESS
東邦大学付属東邦

Focus on
千葉市立千葉

2013 3月号

みんなの視野が広がる！ 海外修学旅行特集

部屋を片づけ、頭もスッキリ

SCHOOL EXPRESS
早稲田実業学校

Focus on
東京都立日比谷

2013 2月号

これで安心 受験直前マニュアル

知っておきたい2013こんな年！

SCHOOL EXPRESS
城北埼玉

Focus on
神奈川県立横浜緑ヶ丘

2013 1月号

冬休みにやろう！ 過去問活用術

お守りに関する深イイ話

SCHOOL EXPRESS
中央大学

Focus on
埼玉県立越谷北

2012 12月号

大学キャンパスツアー特集 憧れの大学を見に行こう！

高校生になったら留学しよう

SCHOOL EXPRESS
筑波大学附属駒場

Focus on
東京都立青山

2012 11月号

効果的に憶えるための９つのアドバイス

特色ある学校行事

SCHOOL EXPRESS
成城

Focus on
神奈川県立柏陽

2012 10月号

専門学科で深く学ぼう

数学オリンピックに挑戦!!

SCHOOL EXPRESS
日本大学第二

Focus on
東京都立両国

2012 9月号

まだ間に合うぞ!! 本気の2学期!!

都県別運動部強豪校!!

SCHOOL EXPRESS
巣鴨

Focus on
千葉県立佐倉

2012 8月号

夏にまとめて理科と社会

入試によく出る著者別読書案内

SCHOOL EXPRESS
國學院大學久我山

Focus on
東京都立西

2012 7月号

高校入試の疑問点15

熱いぜ！　体育祭！

SCHOOL EXPRESS
開智

Focus on
神奈川県立湘南

2012 6月号

難関校・公立校の入試問題分析2012

やる気がUPする文房具

SCHOOL EXPRESS
専修大学松戸

Focus on
埼玉県立川越

2012 5月号

先輩に聞く 難関校合格のヒミツ!!

「学校クイズ」に挑戦!!

SCHOOL EXPRESS
筑波大学附属

Focus on
東京都立小山台

2012 4月号

私立の雄 慶應を知ろう！

四字熟語・ことわざ・故事成語

SCHOOL EXPRESS
本郷

Focus on
千葉県立千葉東

これより前のバックナンバーはホームページでご覧いただけます（http://success.waseda-ac.net/）

サクセス15 バックナンバー 好評発売中!

How to order バックナンバーのお求めは

バックナンバーのご注文は電話・FAX・ホームページにてお受けしております。詳しくは88ページの「information」をご覧ください。

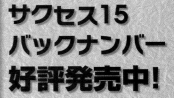

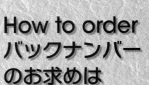

＜コーナー名＞

＜本文中記事＞

編集後記

高校受験をするうえで「志望校選び」はとても大切なことの1つです。中学3年生のみなさんのなかには、すでに本命はここ、第2志望は…と決まっている人がいる一方で、まだまだ定まっていない人もいることでしょう。

弊誌では、受験勉強に役立つさまざまな情報とともに、いかに志望校を選び取っていくべきか、その手助けとなる情報も毎号提供しています。

今回の特集「SSHの魅力に迫る！」もその1つです。各学校の偏差値や大学合格実績だけではなく、自分が興味を持っていることをより深く学べるカリキュラム、取り組みがある、という基準で学校を探してみるのもいいのではないでしょうか。　（C）

Information

『サクセス15』は全国の書店にてお買い求めいただけますが、万が一、書店店頭に見当たらない場合は、書店にてご注文いただくか、弊社販売部、もしくはホームページ（下記）よりご注文ください。送料弊社負担にてお送りします。

定期購読をご希望いただく場合も、上記と同様の方法でご連絡ください。

Opinion, Impression & etc

本誌をお読みになられてのご感想・ご意見・ご提言などがありましたら、ぜひ当編集室までお声をお寄せください。また、「こんな記事が読みたい」というご要望や、「こういうときはどうしたらいいの」といったご質問などもお待ちしております。今後の参考にさせていただきますので、よろしくお願いいたします。

サクセス編集室

TEL 03-5939-7928

FAX 03-5939-6014

高校受験ガイドブック2013 9 サクセス15

発行　2013年8月15日　初版第一刷発行

発行所　株式会社グローバル教育出版

〒101-0047 東京都千代田区内神田2-4-2

TEL 03-3253-5944

FAX 03-3253-5945

http://success.waseda-ac.net

e-mail success15@g-ap.com

郵便振替 00130-3-779535

編集　サクセス編集室

編集協力　株式会社 早稲田アカデミー

Success15

9月号

Next Issue

10月号は…

Special 1

受けるだけじゃもったいない!

模試活用法

Special 2

国・数・英、いまのうちに苦手克服

School Express

桐朋高等学校

Focus on

神奈川県立川和高等学校